城乡统筹视域下的财政支出结构研究

Coordinated development of urban and rural areas under financial Expenditure structure research

张怀雷 著

中国出版集团

世界图书出版公司

广州·上海·西安·北京

图书在版编目(CIP)数据

城乡统筹视域下的财政支出结构研究／张怀雷著.
—广州：世界图书出版广东有限公司,2012.4
ISBN 978-7-5100-4558-5

Ⅰ.①城… Ⅱ.①张… Ⅲ.①财政支出-研究-中国
Ⅳ.①F812.45

中国版本图书馆 CIP 数据核字(2012)第 070051 号

城乡统筹视域下的财政支出结构研究

策划编辑	周志平
责任编辑	刘　果
出版发行	世界图书出版广东有限公司
地　　址	广州市新港西路大江冲 25 号

http://www.gdst.com.cn

印　　刷	东莞虎彩印刷有限公司
规　　格	880mm×1230mm　1/32
印　　张	7.25
字　　数	220 千字
版　　次	2013 年 11 月第 2 版　2013 年 11 月第 2 次印刷
ISBN	978-7-5100-4558-5/F·0062
定　　价	29.00 元

内容摘要

改革开放 30 多年来，我国经济发展取得了举世瞩目的成就。2010 年我国国内生产总值超过日本，在世界各国经济总量排名中位居第二位。但是同时也出现了繁华的城市与落后的农村，发达的工业和滞后的农业并存的局面及城乡居民收入差距日益扩大的趋势。城乡经济、社会发展失衡已经严重阻碍了我国全面小康社会的建设，并且成为我国经济、社会可持续发展的"瓶颈"。目前我国正处于经济和社会结构转型的关键时期，经济和社会发展也具备鲜明的"过渡"特征。在发展阶段上，我国居民正从低收入阶段向中等收入阶段过渡，最终完成由"二元经济"向一体化经济的转变；在体制模式上，我国正在向成熟的市场经济体制过渡；在发展水平上，我国正从初步小康到全面小康迈进。随着我国经济和社会的转型，政府的职能活动范围也随之发生变化，与之相适应，政府的财政支出政策和结构必然要做出相应的调整，以促进经济和社会的协调发展。

财政支出结构是财政支出中的核心内容，它关系到支出目标的实现、支出原则的贯彻等问题。由于社会经济条件的不同，在不同的国家，同一国家在不同的发展阶段，由于其所要实现的战略目标的不同，它要求的财政支出的结构和重点也就不同。我国目前的财政支出结构是在计划经济的基础上演变而来的，基本上还保留着"城市偏向"的特征。这一结构曾发挥了积极的作用，推动了各项事业的发展，但与目前市场经济下的城乡协调发展之间还存在着诸多的不协调。因此，如何合理地调整财政支出结构来完善政府职能，提供城乡平衡的公共服务，是一个急需解决的问题。我国政府应根据财政支出结构的变化规律积极主动地消除财政支出中的不合理因素,从而使得财政支出结构朝着理性的方向发展。

本文以我国财政城乡支出结构作为研究的主题,首先分析了财政支出结构在城乡发展中的差异性的现实表现及其在城乡发展失衡中的作用,并建立相关计量模型实证分析了这种作用。其次探讨了我国统筹城乡发展在农业发展、义务教育、医疗卫生和社会保障几个主要领域的现状、存在问题以及财政支出状况,通过国际经验借鉴与立足我国基本国情的前提下,提出一些具有可行性的财政支出结构优化的政策建议。希望在学术研究和政策实践方面为我国城乡统筹发展和实现城乡公共服务的均等化贡献自己的一份力量。

全文由八章组成,其主要内容及观点如下:

第一章,绪论。主要阐述本文的选题背景和现实意义,以及相关的国内、国外研究成果。陈述文章的研究思路,介绍文章逻辑结构,列举文章的创新点与不足之处。

第二章,城乡统筹与财政支出结构。第一节,主要介绍我国城乡二元格局的历史由来。鸦片战争后,中国近代特定的历史环境决定了特定的经济发展道路。从鸦片战争爆发到新中国成立前夕的这段时期,中国的工业化发展一直建立在半殖民地半封建的基础上,资本原始积累不足,资本主义大生产有限,广大的农村处于自然经济的汪洋大海之中。这种半殖民地半封建的历史环境决定了中国必然会形成二元经济结构模式。其次,对新世纪我国城乡统筹发展战略提出的现实意义和背景做了较为详细的分析,对城乡统筹战略的内涵作了较为详细的解读。第二节,主要概括财政支出结构的概念、内涵及其分类,并在此基础上提出财政支出结构优化的概念、理论依据及内涵。第三节,笔者依据我国经济和社会发展所处的阶段和城乡差距日益扩大的现状,提出了财政支出结构优化的方向:(1)财政支出要为城乡发展提供均等化公共产品。(2)财政支出要促进农民增收,缩小城乡居民收入差距。(3)财政支出要促进粮农增收,保证粮食安全。

第三章,我国财政支出结构的二元性与城乡发展失衡。主要分析改革开放以来,我国差别化财政支出的现实表现和不同财政支出项目对城乡居民收入差距的影响。第一节,主要从四个方面来分析差别化财政支出导致城乡差距日益严重,说明了财政只有随着我国经济体制的不断完善而相应地调整支出结构,才能很好地贯彻落实科学发展观,才能真正实现以人为本的科学发展。第二节,主要从基础设施投资规模、基础教育资源分配、资金在城乡之间的流动三方面来分析"城市偏向型"的财政资源分配模式对城乡收入差距的影响。第三节,把城乡居民收入差距和财政支出结构的具体形式联系起来,利用改革开放以来的经济统计数据,建立计量经济模型,实证分析了主要财政支出项目对城乡居民收入差距的影响。这为后面的优化财政支出结构的研究奠定了基础。

第四章,发达国家促进城乡发展的经验与启示。第一节,介绍部分发达国家在发展本国农业时所采取的具体的农业保护形式和对我国的启示。第二节,较为详细的阐述部分发达国家在农村公共产品供给方面所采取的措施和财政支持的方式,以及对我国的启示。

第五章,城乡统筹下的财政支农支出结构优化。第一节,从农业的国民经济的基础地位、外部性和风险不确定性,来阐述财政支农的理论和现实依据。第二节,主要分析了我国目前农业发展中存在的财政支农支出规模和结构不合理,粮食安全问题等矛盾突出问题。第三节,针对目前农业和农村中存在主要问题,提出促进农业可持续发展的财政支出结构优化对策:(1)政府要完善农业法和增强财政支农支出力度,加大对农业基础设施建设和农业科技投入的投资力度,同时吸引社会各方对农业投入。(2)加大农田水利基本设施建设支持力度,建立国家粮食目标价格保护制度,实行扩大农村内需导向的种粮农民收入脱钩补贴。(3)完善农民组织化。

第六章,统筹城乡义务教育均衡发展的财政支出结构优化。农村教育可以说是建设社会主义新农村的根本,而现行的农村教育财政体制不能够真正解决农村教育经费供给问题。第一节,从城乡义务教育经费投入、义务教育办学条件及义务教育阶段的师资力量方面分析了城乡义务教育的失衡状况。第二节,论述了我国教育政策的偏差、教育资源的不足、教育观念的落后是导致城乡义务教育失衡的主要原因。第三节,针对我国城乡义务教育失衡现状,提出重构农村教育财政支持的基本设想。即政府要制定义务教育办学和教育经费投入标准,构建科学的农村义务教育财政转移支付制度,统筹城乡义务教育均衡发展。

第七章,统筹城乡医疗卫生发展的财政支出结构优化。医疗卫生保障作为一种社会制度,其产生和发展取决于它所依赖的经济基础和政治制度。中国特殊的历史背景、经济基础和政治制度决定了医疗保障制度的建立和发展有其自身的特殊性。第一节,主要阐述城乡居民在卫生资源占有和医疗保障体系方面巨大差距。第二节,从分税制改革,公共政策上农民的影响力缺失,医疗改革的"过度市场化"三个方面详细分析了目前城乡医疗卫生失衡的具体原因。第三节,针对目前城乡医疗卫生失衡的现状及原因提出相应对策:(1)制定倾向于农村的公共卫生投入政策,克服农村医疗卫生中的"道德风险"和"逆向选择"。(2)发挥中央财政的再分配功能,加大对相对落后的农村地区的政府间转移支付力度,一是将中央或省级的卫生专项转移支付直接划拨给县乡等基层地方政府。二是采取因素法确定转移支付数额。主要通过建立城乡基本医疗卫生均等化的指标体系,对不同地区的医疗卫生服务体系状况进行评价测度,按"因素法"确定转移支付的标准或数额,对老少边穷等特殊地区要给予特殊的权重。

第八章,统筹城乡社会保障制度的财政支出结构优化。主要研究如何完善城乡社会保障制度,并在此基础上提出促进城乡社会保障制度的财政支出结构优化对策。第一节,主要从社会保障项目、覆盖面,财政社会保障支出结构,失地农民保障,社会保障管理体制方面,分析了目前城乡社会保障存在的突出问题。第二节,阐述导致城乡社会保障失衡的具体原因,即工业化的战略取向,城乡二元结构的固化及传统的户籍和就业制度。第三节,针对目前存在的城乡社会保障的巨大差距,提出优化城乡社会保障支出的相关建议:(1)加大财政社会保障支出规模并提高其占 GDP 和财政支出的比重。(2)规范社会保障支出转移支付制度,同时建立同级政府之间的横向转移支付制度,解决同级政府之间不平等的社会保障差异。(3)适时构建农村社会保障法,同时为失地农民建立社会保障体系。

关键词:城乡统筹;财政支出结构;粮食安全;农民组织化

Abstract

Reform and opening up 30 years, the economic development of our country has made remarkable achievements. Such as gross domestic product in 2010, China surpassed Japan as the world economic output ranked in second place. But it appeared the bustling city and backward rural areas, developed agricultural industry and the coexistence of lagging rural income gap between the situation and the growing trend. Imbalance between urban and rural social development has become constrained off society in China and sustainable economic development of the "bottleneck." At present, China is in a critical period of economic restructuring, economic development also have distinct "transitional" features. In the development stage, our residents are from low-income to middle-income stage of the transition, the final completion of the "dual economy" to the integration of economic change; in the system model, our country is to transition to a mature market economy; in the development of level, China is off to a comprehensive well-off from the initial transition. With the transformation of our economy, the government's economic activities also will be changed. Government expenditure reflects the range of economic activities。

Fiscal expenditure structure is the core of the financial expenditure, it relates to the expenditure goals, the Principle of spending and other issues. Because of different socio-economic conditions in different countries, a country at different stages of development, because of its strategic objectives to be achieved by different, it requires financial expenditure structure and focus is different. China's current fiscal expenditure structure is the basis of the planned economy evolved, basically retained "supply system" mode features. This structure has played an active role in promoting the development of various undertakings, but with the current market economy the coordinated development between urban and rural areas, there are still a lot of disharmonies. Mainly reflected in: First, the total expenditure is insufficient to meet the current needs of economic and social development, to a certain extent, influence and restrict the normal performance of government functions, and second, irrational structure of fiscal expenditure, there are structural imbalances. Therefore, how efficient and reasonable use of government fiscal expenditure to improve public services is a function to be solved. Our government should be based on changes of the structure of fiscal expenditure pro-active fiscal spending to eliminate the irrational factors, so that the fiscal expenditure structure towards a rational direction.

In this paper, the structure of fiscal expenditure as a research subject, the first analysis of the structure of fiscal expenditure of urban and rural development in my overall sexual performance, and the establishment of empirical analysis of the relevant econometric model the structure of fiscal expenditure is unreasonable. Secondly, to explore urban and rural development in China in several key areas of status, problems and the financial situation of financial expenditure, through the International Experience with the combination of the basic national conditions of China, put forward some feasible fiscal expenditure structure optimization. Hope that academic research is the development of urban and rural areas contribute to a force.

Text composed by the eight chapters, the main content and views are as follows:

The first chapter is an introduction. This paper mainly discusses the research background and practical significance, and related domestic and foreign research results. Statement of research ideas article introduces the logic and structure of the article, the article cited the innovation and weaknesses.

Chapter II, Urban and rural areas and the fiscal expenditure structure

Section I, introduces the history of the origin of urban-rural dual structure, after the Opium War, Chinese modern history of a particular economic environment determines the specific path of development. From the Opium War to the founding of New China on the eve of the outbreak of the period, China's industrialization has been built on the basis of semi—feudal society, lack of capital accumulation, capitalism, mass production is limited, the majority of the rural economy in the vast ocean of natural economy being. The history of this semi-feudal environment determines the formation of the dual economic structure in China is bound pattern. Meanwhile, urban and rural development strategy put forward practical significance and background to do a more detailed introduction. In addition the strategy also urban and rural areas made a more detailed interpretation of meaning. Section II summarizes the main concepts of the structure of fiscal expenditure, content and classification, and puts forward the concept of fiscal expenditure structure optimization, the theoretical basis and content. Section III, based on the stage of economic development and widening gap between urban and rural areas the seriousness of the financial payment structure optimization proposed are: (1) Financial expenses for the equalization of urban and rural development of public goods. (2) Expenditures to increase rural incomes and reduce urban-rural income gap (3) Fiscal expenditures to promote the coordinated development of urban and rural economy ensure food security and food and agriculture income.

Chapter III, China's fiscal expenditure structure of the duality and imbalance between urban and rural development.

Since the reform and opening up the main analysis, the reality of differentiated performance and financial expenditure projects in different urban-rural income gap. Section I, mainly from four aspects of differentiation between urban and rural areas lead to increasing fiscal spending serious and that the fiscal system only with the constant improvement of our economy and adjust the structure of expenditures in order to well implement the scientific concept of development, can truly people-centered scientific development. Section II, mainly the scale of infrastructure investment, basic education allocation of resources, the flow of funds between urban and rural areas to analyze three urban bias of financial resource allocation model based on the urban-rural income gap. Section III, this section is an innovative point of this article. The urban-rural income gap and the specific form of fiscal expenditure structure linked to the economic reform and opening up the use of statistical data, econometric models, empirical analysis of each expenditure of the income gap between urban and rural residents. I optimized it for the future structure of financial expenditure sections of the foundation.

Chapter IV, The experience of developed countries to promote rural development and enlightenment Section I, describes the development of domestic agriculture in some developed countries to take when specific forms of agricultural protection and the protection of the revelation of the Agricultural Section, detail some of the more developed parts of agricultural public goods in rural areas and measures taken way of financial support, as well as in the present and future of public goods provision in rural areas should pay attention.

Chapter V, the urban and rural fiscal support expenditure structure optimization.

Section I, from the basic position of agriculture in national economy, the external uncertainties and risks, to elaborate the theoretical and practical financial support for agriculture based. Section II, mainly in the agricultural development of the existing size and structure of fiscal expenditure on agriculture is irrational, food security and the money, food, land, people, etc contradiction problems. Section III, for now there are mainly agricultural and rural is proposed to promote the sustainable development of agriculture expenditure structure optimization measures: (1) The Government should improve and strengthen financial support for agriculture farm bill spending efforts to increase investment in agriculture infrastructure and investment in agricultural science and technology investment, and attract community side of agricultural inputs. (2) Construction of irrigation infrastructure to increase support to the establishment of national food target price protection system, the implementation of expansion of domestic demand-oriented rural income of grain farmers decoupled subsidies (3) Improve the organization of farmers.

Chapter VI, the coordination of urban and rural compulsory education of balanced development of financial expenditure structure optimization. Rural education can be said that the fundamental building a socialist new countryside and the current education finance system in rural areas can not truly solve the supply problem of rural education funding, section I, the input of funds from the investment in urban and rural compulsory education, compulsory education and compulsory school conditions faculty of urban and rural compulsory education in terms of the imbalance. Section II discusses the bias of our education policies, lack of educational resources, and educational concepts behind the main reasons leading to the imbalance between urban and rural areas. Section III, for the present situation of imbalance between urban and rural compulsory education, and proposed financial support for rural education reconstruct the basic idea. That government should make compulsory education and educational standards of financial input, build a scientific financial transfer payment system for rural compulsory education, balanced development of urban and rural education

Chapter VII, the development of urban and rural medical and health expenditure structure optimization.

As a social health insurance system, its production and development depends on economic basis and it depends on the political system. China's special historical background, economic and political system based on the decision of the medical establishment and development of security system has its own particularity. Section I, mainly on the urban and rural residents and health resources are great gaps in health care system. Section II, from the tax system reform, public policy, the influence of lack of farmers, health care reform "over market" detailed analysis of three aspects of the specific medical reason for the imbalance. Section III, for the current imbalance between urban and rural health care, proposed countermeasures: (1). To develop the rural areas tend to investment in public health policy and health care in rural areas to overcome the "moral hazard" and "adverse selection." (2) Play the central government's redistribution and increase the relatively backward rural areas of the intergovernmental transfer payments, first, the central or provincial health transfer payments directly allocated to specific counties and townships, and other basic local government. Second, transfer payments to the amount determined factors. Mainly through the establishment of the equalization of urban and rural basic health indicators system, the different parts of the health service system to evaluate the state measure, the area of serious gaps or indicators of urban-rural gap, they should press the "factor method" to determine criteria for transfer payments or the amount of oil rationing, and other special areas should be given special weight

Chapter VIII, urban and rural social security system of the fiscal expenditure structure optimization.

Mainly study how to improve urban and rural social security system, and on this basis, urban and rural social security system on the promotion of the fiscal expenditure structure optimization. Section I, mainly from social security, coverage, financial and social security expenditure structure, landless peasant security, social security management system, the analysis of the current urban and rural social security outstanding problems. Section II, Describing the causes of the imbalance between urban and rural social security specific reasons, namely, the strategic orientation of industrialization, urban-rural dual structure of the curing and traditional system of household registration and employment

Section III, for the existing huge gap between urban and rural social security, optimize the urban and rural social security payments made related proposals: (1) to increase the scale of financial and social security expenditures and increase its share of GDP and financial expenditure. (2) Standardized system of transfer payments of social security spending, while establishing cross between the same levels of government transfer payment system to address the same level of inequality between the Governments of differences in social security. (3) Timely construction of rural social security law, as well as landless farmers to establish social security system.

Key Words: Urban and rural development; Financial Expenditure; Food Security; Farmers organization

目录 ⸱⸱⸱⸱⸱⸱⸱⸱► CONTENTS

绪　论

一、研究背景与研究意义

党的十六大报告首次明确提出要统筹城乡发展,经过党的十六届三中、四中全会不断地丰富与完善,城乡统筹成为新时期解决"三农"问题、建设全面小康社会的重大方略和"三农"发展理论的伟大创新。中央非常重视城乡协调发展,也是有着深刻的现实原因和战略原因。这既与20世纪最后十年在向总体小康目标迈进中农村落在全国后面有关,也与新世纪前二十年实现全面建设小康目标的重点难点有关;既与城乡差距不断扩大的趋势有关,也与城乡差距之大到了非调整不可的时候有关。自改革开放以来,随着我国城市化、工业化进程的加快,我国国民经济结构也发生了很大变化。尤其是进入21世纪以来,国民经济发生可喜的变化:2002年人均GDP超越1000美元作为标志,我国大体上已经进入以城带乡、以工促农的经济发展阶段,基本具备统筹城乡协调发展、扶持"三农"问题的实力。从经济总量看,国民经济持续保持快速增长之势,经济大国的地位进一步增强。2001—2010年,我国国内生产总值一直保持较高速度的增长,平均增长速度保持在9%以上。2010年,国内生产总值达到397983亿元,超过日本位居世界各国经济总量第二位,人均也超过4480美元。从财政实力看。随着我国工业化、城市化和现代化进程的加快,国家财政收入也快速增长。自1990年以后,财政收入增长很快。

特别是近几年来,国民经济持续快速增长和企业效益大幅度提高,全国财政收入不断迈上新台阶。2003年超过2万亿元,达到21715亿元,比上年增收2812亿元。2004年在解决1288亿元出口退税陈欠后,财政收入又突破2.5万亿元,达到26396亿元,比2003年增收4681亿元,是1978年的23倍。到2010年,全国财政收入又突破8.3万亿元,财政实力的不断增强,表明我国已具备以工促农、以城带乡的能力。从产业结构看,与2009年年普查数据相比较,2010年第一、二、三产业的比重分别有−0.1、0.5、−0.4个百分点的变动①,表明工业化的推进仍然是结构变动的主导方向,第一产业比重出现符合产业结构变化规律的下降趋势。从就业结构看。2006年,第一产业从业人员占全社会从业人员的比重为42.6%,比1978年的70.5%下降了27.9个百分点。到2008年,进一步下降到39.6%。2008年,第二产业和第三产业从业人员占全社会从业人员的比重分别为27.2%和33.2%,比1978年分别上升了9.9%和21%。② 根据国际经验和上述情况,我国已进入工业化发展的中期阶段,正处于工农和城乡关系调整的转折时期,已经具备了加大对农村发展支持的条件。

二元性在发展中国家是一个普遍存在的现象,发展经济学对发展中国家的这种社会经济特征给出一种理论界定,即二元结构。目前我国正处于经济结构转型的关键时期,经济发展也具备鲜明"过渡"特征。在发展阶段上,我国居民正从低收入阶段向中等收入阶段过渡,最终完成由"二元经济"向一体化经济的转变;在体制模式上,我国正在向成熟的市场经济体制过渡;在发展水平上,我国正从初步小康到全面小康迈进。今后相当长的一段历史时期内,城乡二元经济结构矛盾成为制约中国城乡和谐发展的第一因素。城乡协调发展已成为关系到我国的宏观战略目标的

---

① 数据来源:2011年中经数据库。
② 2011年中经网格数据库相关数据及计算所得。

实现及经济社会可持续发展的问题。

因而,如何缩小城乡差距、增加农民收入、改造传统农业及提供城乡公共产品均等化服务,实现城乡协调发展是中国目前最紧迫的任务,也是 21 世纪前几十年的战略目标。

可见,本文的研究具有重大的理论意义和现实意义。其理论意义在于:虽然科学运用财政支出促进城乡和谐发展并不是一个新的课题,但仍有许多问题都处于探索阶段。论证和支持其的理论还没有达到一定深度和高度,特别是与我国国情相结合的财政支出结构调整政策。通过比较分析传统的二元经济结构、城乡经济发展的差异和农村经济社会发展面临的困境,能为完善财政支出结构调整政策,能为农村经济的可持续发展,能为我国实现经济长期稳定协调发展提供理论基础。

其现实意义在于:目前我国的农村经济社会发展处在转型阶段,产业结构的转型、社会保障结构的转型、科教文卫体制的转型同时进行,怎样运用财政支出结构调整政策,优化财政支出结构并推动各项改革的顺利开展,已成为我国和谐社会建设的重要命题。而建国初期由于国家战略需要形成的"城乡二元结构"已经越来越不适应现代社会的要求,并由此引发了一系列的矛盾:城乡居民收入差距的逐渐拉大造成的农村居民收入偏低;城乡居民受教育权利严重不平衡造成农村劳动力的相对素质愈益低下;城乡社会保障制度差距过大造成广大农村长时期处于被现代社会保障制度遗忘的角落;进城务工农民的社会保障体系不健全更使城乡诸多不公平在直观意义上被呈现出来。这些问题已经严重地影响到了我国改革开放的进一步发展和和谐社会局面的构建,而问题的解决在很大程度上又依赖于财政支出结构的调整和优化。因此,本论题力求用系统的观点来对制约城乡经济、社会协调发展的一系列问题进行研究,并提出相应的政策建议,从而为政府和财政部门的决策起到一定的参考作用。

二、国内外研究综述

(一)国外文献综述

从现代许多国家城乡关系发展的轨迹来看,城市与农村经济社会发展的总体趋势是:由一体到分离,再由分离到融合。城市与农村由一体到分离主要表现为城乡之间的差距。所谓城乡差距,是指农村在政治、经济、文化各方面落后于城市的情况,核心是农村经济方面也即在生产力方面落后于城市的情况;也是指农村居民在政治、经济、文化地位上相对于城市居民低下的情况,核心是农村居民在收入方面相对城市居民较低的情况。对城乡差距,从现代经济学创始人斯密到诺贝尔经济学奖获得者刘易斯等西方国家的经济学家,从劳动的社会分工和农业与工业等其它非农产业的劳动生产率的角度,分析了城乡产生差距的必然性。而马克思、恩格斯、主要根据他们生活的时代分析了城乡产生差距的原因,并进一步认为,城乡差距将产生工农的对立。其中比较有代表性的有以下相关理论:

1.斯密对农业与工商业之间的关系及城乡对立的论述

斯密在《国民财富的性质和原因的研究》这部经济学名著中,对农业与城市工商业之间关系及城乡对立作了深刻的论述。关于农业与城市工商业之间关系,斯密认为:文明社会的重要商业,就是都市居民与农村居民通商。这种商业,有的是以原生产物与制造品直接交换,有的是以货币或纸币作为媒介交换。农村以生活资料及制造材料供给都市,都市则以一部分制造品供给农村居民。不再生产亦不能再生产生活资料的都市,其全部财富和全部生活资料都可说是得自农村。但我们不要根据这点,就说都市的利得即是农村的损失。他们有相互的利害关系。这里,分工的结果,象其他方面的分工一样,对双方从事各种职业的居民都有利益。农村居民,与其亲自劳动来制造他们需要的制造品,无宁作这种交换，因为由这种交换，他们可用较小量的自身劳动生产物购得较大量的制造品。都市是农村剩余产物的市场，农民用不了的东西，就拿到都市去交换他们需要的物品。都市的居民愈多，其居民的收入愈大，农村剩余产物的市场愈广阔。这种市场愈广阔，对广大人民愈有利。① 斯密不仅分析了农业与城市工商业之间关系，而且还指出工商业发展能带动农业的进步。斯密认为，工商业都市的增加与富裕，对所属农村的改良与开发，有所贡献，其贡献的途径有三：一，为农村的原生产物提供一个巨大而便宜的市场，从而鼓励了农村的开发与进一步的改进。受到这利益的，不仅仅是都市所在的农村。凡与都市通商的农村，都多少受其实惠。二，都市居民所获的财富，常用以购买待售的土地，其中很大一部分往往是向未开垦的土地。商人们都渴望变成乡绅。而且，在他们变成了乡绅的时候，他们往往最能改良土地。商人与乡绅不同。乡绅是一向奢侈惯了的，他只会花钱，从来不会想到赚钱。商人却常用钱来经营有利事业，他用一个钱，就希望在这一个钱回来的时候，带回一些利润。三，农村居民一向处在与其邻人的战争和对其上司的依附状态中。但工商业的发达，却逐渐使他们有秩序，有好政府，有个人的安全和自由。② 尽管农业与城市工商业之间关系密切，并且工商业发展还能带动农业的进一步的发展，但是，城乡的分割与分离依然不可避免地出现。斯密对此从乡村农民的生活状态和城乡孤立发展两个方面进行了描述。他说："秩序、好政府以及个人的自由安全，就在这种状态下，在各都市确立了。但此时，乡村耕作者，依然受贵族的各种迫害。

---

① ［英］亚当·斯密：《国民财富的性质和原因的研究》，第三篇论不同国家中财富的不同发展，第一章论财富的自然发展，http://www.sinology.cn/main/book1/jjyj/aa/ydsm/fgl/.

② ［英］亚当·斯密：《国民财富的性质和原因的研究》，第三篇论不同国家中财富的不同发展，第四章都市商业对农村改良的贡献，http://www.sinology.cn/main/book1/jjyj/aa/ydsm/fgl/.

处于无力自卫状态的人,自然满足于仅够过活的生活资料;因为,拥有更多财富,只会招惹压迫者更苛虐的诛求。反之,当人们勤劳的结果确有亲自享受的把握时,他们就自然会努力来改善他们自身的境遇,不仅要取得生活必需品,而且要取得生活上的便利品和娱乐品。所以,以生产生活必需品以外的东西为目的的产业,在都市建立的时期,比在农村早得多。在贱奴状态下受领主钳制的贫穷农民,稍有储蓄,必掩藏唯谨,免得领主看见,攫为己有,而且一有机会,即逃往都市。加之,当时法律对市民既如此宽纵,同时又如此热望削减领主对农民的权力,所以,农民只要逃往都市,一年不为领主所获,即可永享自由。因此,乡村勤劳居民,一有蓄积,自然会逃到都市来,把都市看作他们唯一安全的避难所……。城市居民的食品、材料和产业手段,归根到底,都出自农村。但近海岸沿河边的城市居民,却不一定只从邻近农村得到这些物品。他们有大得多的范围。他们或只自身工业的制造品作交换,或经营遥远国家间的运送业,以甲国产物交换乙国产物,而从远地取得他们所需要的种种物品。一个城市不但在其邻近各农村都很贫乏都很衰落,而且它所与通商的各个农村也都很贫乏很衰落的情况下,仍可发达起来,日臻于富强。因为单个地说,每个农村对它所能提供的食料与雇佣机会也许有限,但综合起来说,它们所能提供的却极可观。不过,在商业范围还极狭隘的那时,就有些国家很富裕、产业就很发达了。

2. 马克思、恩格斯关于城乡差距及对立的论述

马克思、恩格斯非常关注城乡差距及对立问题。他们认为,城市和农村的出现及对立同经济发展、社会分工、物质利益密切相关。马克思依据他所经历资本主义时代,对于城乡的分离,他在《资本论》中是这样描述的:"一切发达的、以商品交换为媒介的分工基础,都是城乡的分离。可以说,社会的全部经济史,都概括为这种对立运动。"恩格斯把城乡分离和对立称为"第一次社会大

分工"。对于城乡差距和对立,马克思指出,"物质劳动和精神劳动的最大的一次分工,就是城市和乡村的分离。城乡之间的对立是随着野蛮向文明的过渡、部落制度向国家的过渡、地方局限性向民族的过渡而开始的,它贯穿着全部文明的历史并一直延续到现在……城市本身表明了人口、生产工具、资本、享乐和需求的集中;而在乡村里所看到的却是相反的情况:孤立和分散。城乡之间的对立只有在私有制的范围内才能存在。这种对立鲜明地反映出个人屈从于分工、屈从于他被迫从事的某种活动,这种屈从现象把一部分人变为受局限的城市动物,把另一部分人变为受局限的乡村动物,并且每天都不断地产生他们利益之间的对立。"马克思、恩格斯不仅指出了社会分工对城市和乡村产生的影响,还指出了这种分工的继续扩大造成的城乡利益的对立。认为:无论什么地方都没有例外的是城市通过它的垄断价格,它的赋税制度,它的行会,它的直接商业诈骗和它的高利贷在经济上剥削农村。从而使乡村屈服于城市的统治,屈服于城市的剥削,出现严重的城乡差距,而城乡对立的格局更加深了城乡利益的对立。马克思、恩格斯在看到城乡分工和对立对农民和城市无产阶级压抑的同时,还充分估计了工业化时代的城市在社会发展中的作用。他们认为:没有大工业的发展就没有大城市的出现,没有大城市的科技文化推动,就不可能有近代文明,这是由人口和其他生产要素在生产地域上高度集中的团聚效益所决定的。城市的发展逐步改善了人与自然的关系,也使人与人的关系发生了很大变化。作为更高一级更社会化的组织形式,城市还创造了更加丰富的生活方式和更高的生活质量,并且造成新的力量和新的语言。在如何消除城乡对立,恩格斯认为:消灭城乡对立并不是空想,正如消除资本家与雇佣工人间的对立不是空想一样,消除这种对立日益成为工业生产和农业生产的实际要求。消灭城乡之间的对立,是社会统一的首要条件之一,这个条件又取决于许多物质前提,而且一看就知道,这个条件单靠意志是不能实现的。在实现城乡关系及城乡发展的协调和城乡融合的问题上,恩格斯认为:要由社会全体成员组成的共同体来共同而有计划地尽量利用生产力;把生产发展到能够满足全体成员需要的规模;消灭牺牲一些人的利益来满足另一些人的需要的情况;彻底消灭阶级和阶级对立;通过消除旧的分工,进行生产教育、变换工种、共同享受大家创造出来的福利、以及城乡的融合,使社会全体成员的才能得到全面发展。恩格斯对消灭城乡对立,实现城乡关系及城乡发展的协调和城乡融合后所产生的社会进行了描述:"随着共产主义的到来,城市和乡村之间的对立将消除。从事农业和工业劳动的将是同样的一些人,而不再是两个不同的阶级。单从物质方面的原因看,这已经是共产主义联合体的必要条件了。乡村农业人口的分散和大城市工业人口的集中只是工农业发展水平还不够高的表现,它是进一步发展的阻碍。"

3.李嘉图关于工业化过程中城乡差距的论述

最早关于工业化过程中城乡差距的论述,出现在英国古典政治经济学家李嘉图1817年出版的《政治经济学及赋税原理》中。李嘉图认为:第一,农业部门存在收益递减规律。就是说,在不断保持同一水平投入的条件下,农业产出的增加数量是逐步下降的理由是土地是有限的,为了增加生产量,农民不得不把种植越来越转向贫瘠的土地,而贫瘠的土地上同样的投入只有较少的产出,或者说同样的产出必须有更大的投入。如果农民不是把投入转向贫瘠的土地而是继续投在现有的较好的耕地上,同样会出现单位投入产出下降的情况,这就是今天人们常说的,在一定条件下,土地边际收益递减规律。第二,城市工业则不仅不存在收益递减规律,相反,其效率不仅高而且呈收益递增趋势,城市工业代表着经济及社会发展的方向。从而,李嘉图得出结论:收益递减的农业是没有前途的,以农业为主要产业的农村必将衰落;而收益递增的工业是社会发展的方向,以工业为主要产业的城市获得繁荣。同时城市部门因效率较高并且收益递增,可以支付给城市劳动者更高的工资,而工业发展扩张要吸纳农村剩余劳动力也必须支付其比农村就业更高的工资,故而城市劳动者的收入会比农村劳动力更高。这样城乡发展水平及城乡居民收入的差距将是必然的,城市在政治、文化上对农村的统治也是必然的。二次大战后的发展经济学家也多持这种观点。①

4.舒尔兹的"城乡发展理论"

舒尔兹是美国著名经济学家,其代表作是《经济增长与农业》,他从 20 世纪 50 年代开始,就一直强调农业、农村发展在工业化过程中的重要作用,强调人力资本开发对工业化至关重要。他认为,在工业化过程中,农业像工业一样是经济的重要部门,农业对经济发展的贡献是巨大的,重工抑农的政策是不可能取得良好的工业化绩效,也不可能使经济社会现代化,反而会使推行这种政策的国家国民经济因比例失调、结构失衡而陷于停滞,人民生活更加贫困,目前不少非州国家的持续贫困,以及更加贫困,正是这种情况的真实写照。他并且认为,除了加强工业化过程中的物质资本投资,还应加强人力资本投资,舒尔兹甚至断言,经济发展的关键因素不是物质资本,而是人的生产技能,对人的投资收益率要远大于对物的收益率,这些论述是接近发展中国家的实际的,这对正在进行工业化的国家具有重要的借鉴作用。

5.刘易斯、费景汉和拉尼斯的"二元经济结构论"

二元经济结构论最初由著名经济学家、美国普林斯顿大学教授刘易斯系统地出,其代表作是《劳动无限供给条件下的经济发展》,后由耶鲁大学教授费景汉和拉尼斯等人不断完善。他们认为,在发展中国家中普遍存在城市以工业为代表,农村以农业为

---

① 林善浪、张国:《中国农业发展报告》,中国发展出版社 2003 年版,第 406 页。

代表的二元经济结构,经济发展就是要通过工业部门的扩张,吸收农业中过剩的劳动力,从而达到消除经济中工农之间及内部所存在的各种结构失衡的目的。他们把经济过程分为三个阶段:

第一阶段:他们假定,在这一阶段,经济中存在着隐蔽失业,即相当一部分劳动者的边际生产率接近于零,因而劳动是无限供给的,当隐蔽失业的劳动力向工业部门转移时,农业的总产量不受影响,这样就会产生农业剩余,它正好可以满足转入工业部门的劳动力对粮食的需求,因而,农业部门的人均收入没有改变,工业部门的工资也就保持不变,当这部分剩余劳动力转移完毕,经济发展进入第二阶段。

第二阶段:在这一阶段,工业部门所吸收的劳动力,是一些劳动力低于农业部门平均产量(它代表农业部门人均收入)的剩余劳动力,由于这部分的劳动力的边际劳动力为正值,当他们转移出去以后,农业总产量就会下降,而剩下的农业劳动力仍和以前同样消费,所以提供给工业部门的农产品就不足以按平均消费水平供养工业部门的劳动者,这样,经济中开始出现农产品,尤其是粮食短缺,工农业产品间的贸易条件转而有一利于农业部门,工业部门的工资水平开始上升。

第三阶段:当农业中全部剩余劳动力被吸收到工业部门就业以后,经济发展进入第三阶段,在这一阶段,经济已进入商业化过程,农业已开始资本主义化了,农业中和工业中的工资水平都由边际生产力来决定,当农业部门的劳动边际产品与工业部门相同时,对它们的分析就如同新古典主义对任何一个部门分析一样了,他们认为,在这一发展过程中,关键的问题是如何把隐蔽失业人口全部转移到工业中去,而要解决这一问题,就要在工业部门扩张的同时,推动农业生产率的提高,使农业发展与工业发展同步进行。他们的二元经济结构论对于我们统筹城乡展,正确处理工业与农业的关系,转移农业剩余劳动力,调节城乡居民收入差距具有重要的理论借鉴意义。

6."缪尔达尔模型"

缪尔达尔把刘易斯的部门二元结构延伸到区域二元结构,认为区域间经济发展水平的差距造成了经济的不平等,而经济的不平等又进一步加剧了区域间经济发展水平的差距,如此不断"循环"和"累积",最终形成地区间、国家间在地理上的二元结构。需要指出的是,上述理论都把二元结构的转换置于完全的市场机制基础之上。在发达国家,二元结构的转换是通过漫长曲折的自我演进,在市场作用下实现的。而大部分发展中国家早已不存在早期现代化的一些有利条件,它们大都面临着经济起飞和加速工业化的历史使命。特别是在 20 世纪 80 年代,一些发展中国家在没有完全摆脱劳动过剩的特征之前,出现了严重的有效需求不足问题。显然,这种现象是古典和新古典二元学说无法解释的。为此,有学者将凯恩斯理论引入二元结构框架中,拉克西特(M. Rakshit)的发展模型是其中最为典型的代表。他认为避免完全市场机制下劳动力利用不足和"托达罗失业",克服市场失灵造成的资源配置弱化,应该引入政府干预,以满足结构转换的需要。二元结构的消除或向同质的一元结构转换是经济发展的必然,问题是选择一条什么样的路径去转换。按照结构学派发展经济学的主张,随着工业化的发展和城市化的不断扩张,依照"配第一克拉克定理",农业剩余劳动力被工商业部门大量吸收,在现代化基础上实现工业与农业的均衡发展,二元结构逐渐趋于一元化,这就是"库兹涅茨倒 u 型假说"现象。二元结构转换的结果应是工商业部门和农业部门都普遍使用了先进的技术和生产方式,各部门各地区平衡协调发展,经济逐步走向发达的道路。很显然,要实现二元结构向一元结构转换,必须具备两个条件:一是现代工商业部门的扩大(高水平的城市化);二是传统农业的改造。从世界范围看,任何国家的工业化道路,都包含着从农业经济到二元经济,再从二元经济到现代经济一体化这样两个过程。上述二元经济理论抓住了发展中国家工业、农业之间存在生产率差异这样一个事实,论证了二元结构转换的必要性和重要性,设计了通过工业化、城市化拉动农业过剩劳动力向非农产业转移这样一条二元结构的转换路径,并引入了政府的干预对完成结构转换的重要性。但是,他们忽视了工农业生产率存在差异的原因,由此削弱了其对现实的解释能力和指导意义,这也是二元结构理论的缺陷之一。

近些年来,国外政府部门和理论界非常重视城乡互动发展研究,研究表明了两大新的趋向:一是将城乡互动发展与可持续发展联系起来进行研究,二是提出了发展中国家城乡互助的理念。此外,在促进城乡关系发展的实践方面,韩国实施的"新村运动"推进了乡村经济、社会福利与空间环境的发展。日本通过补贴政策,实施福利,促进产业振兴并建设综合环境,实现了均衡发展。澳大利亚实施"均等化机制"向经济不发达地区提供公共物品。美国通过补贴等方式支持和鼓励私人投资,实现了基础设施、基础教育、高新产业建设、环境保护等统筹工作指标。德国和意大利实施基础设施投资补助,发展工业园区,扶持中小企业等措施缩小城乡差距。国际理论和实践发展的经验教训对我国城乡关系发展的研究具有重要的参考和借鉴价值,但我们不能照抄照搬发达国家的理论方案和现成经验,发达国家已经进入了城乡发展的高级阶段,我们在研究中应注重城乡发展的时代性、特殊性、阶段性,注重中国的国情和自身发展中的创新,创造性地解决发展进程中面临的一系列问题。

国外没有城乡统筹发展的明确概念,但有关于城乡融合等相关问题的研究。19世纪的空想社会主义思想家已经开始思考城乡"和谐"问题,但是"城乡融合"的概念最早则由恩格斯提出。恩格斯在《共产主义原理》中明确提出"城乡融合"。"乡村农业人口的分散和大城市工业人口的集中只是工农业发展水平还不够高的表现,它是进一步发展的阻碍……"。在恩格斯看来,"工业的发展将给社会提供足够的产品以满足它全体成员的需要","这么以来,社会划分各个不同的阶级,相互敌对的阶级就是多余的了……阶级的存在是有分工引起的,到那时,现在这种分工将完全消失……因此根据共产主义原则组织起来的社会一方面不容许阶级继续存在,另一方面这个社会建立的本身便给消灭阶级差别提供了条件。由此可见,城市和乡村的对立也将消失。从事农业和工业劳动的将是同样的一些人,而不再是两个不同的阶级"①。恩格斯在《反杜林论》中写到,"城市和乡村的独立的消灭不仅是可能的,它已经成为工业生产本身的直接需要,正如它已经成为农业生产和公共事业的需要一样。只有通过城市和乡村的融合,现在的空气、水和土地的污毒才能排除,只有通过这种融合,才能使现在城市中日益病弱的群众的粪便不致引起疾病,而是用来作为植物的肥料。""大工业在全国的尽可能平衡分布,是消灭城市和乡村的分离的条件,所以从这方面来说,消灭城市和乡村的分离,这也不是什么空想"②。从这里可以看出,恩格斯关于城乡融合的条件,是工业的发展给社会提供足够的需要,促使阶级消灭;工业平衡的分布为城乡融合创造条件。他还写到,"人民公社将从事工业生产和农业生产,将结合城市和乡村生活的优点而避免二者的偏颇和缺点。"

目前国外学者对城乡统筹或者融合与财政支出结构的关系研究几乎没有,但是研究经济增长和财政支出的关系的文章较多,而学者们分析结论存在着相当大的分歧,争议很大。认为经济增长和财政支出之间存在负相关、正相关甚至二者之间没有相关关系的文献都大量存在,目前该问题还没有定论。比如,Nelson 和 Singh(1994)应用 1970—1979 年与 1980—1989 年 70 个发

---

① 马克思、恩格斯:《马克思恩格斯全集》,人民出版社 1971 年版,第 222—224 页。

② 马克思、恩格斯:《马克思恩格斯全集》,人民出版社 1971 年版,第 335—336 页。

展中国家的数据进行回归研究,得出的结论是在上世纪70年代政府公共支出对经济增长的作用并不明显,但是在80年代具有高度的正相关性;阿沙沃尔(Asch Auer,1989)将政府财政支出分为政府消费与政府的资本积累,指出它们对经济增长具有不同作用,政府的资本积累对一国GDP的增长率具有较大的贡献,而政府消费对一国GDP的贡献并不明显;Burro(1991)把政府财政支出引入总量生产函数,在政府财政支出不变的情况下,资本的规模收益存在递增性,但是由公共支出与私人投资构成的总投资所带来的总规模报酬是不变的,因而Burro指出政府公共财政支出与GDP增长之间存在正相关[1]。然而,兰多(Landau,1986)收集整理1960—1980年65个发展中国家的经济数据,对这些进行资料研究后指出,政府公共财政支出特别是消费性支出对经济增长存在负的相关性。Grier Kevin和Gordon Turlock(1989)运用1951—1980年24个OECD国家和1961—1980年89个其他国家的5年期平均数据,并对这些数据做了详细细致的分析,指出OECD国家、拉丁美洲和非洲国家真实国内生产总值的增长与政府消费占国内生产总值比例的增长具有负相关性,但在亚洲它们之间具有正的相关性。Bradley(1987)对1971—1983年16个OECD国家的经济统计数据进行实证分析,也发现真实国内生产总值的增长与政府消费支出具有负相关性[2]。此外,格默尔(Gemell,1983)通过分析27个发展中国家和发达国家非市场部门增长对经济绩效的影响,指出无法确定它们之间的相关性。Kormaed和Maguire(1985)通过收集整理第二次世界大战后的47个国家的政府"消费"支出与经济增长的资料,并对它们之间的相关性进

① Barrow,R..Economic Growth in a Cross Section of Countries,Quarterly Journal of Economies,1991(106):407-444.

② 孔祥利:《政府公共支出与经济增长相关性的实证分析》,《人文杂志》2005年第2期,第74—78页。

行了研究,发现真实国内生产总值增长率与政府消费性支出占国内生产总值的比重之间不存在显著相关性。

(二)国内研究综述

统筹城乡发展是中央提出的科学发展观的重要内容。近几年来,我国学者对此问题进行了深入的探讨,取得了一些有价值的成果。主要集中在以下五个方面:

1.统筹城乡发展的内涵

陈希玉(2003)将城乡统筹定义为:改变和摒弃过去的重城市、轻农村,“城乡分治”的传统观念和做法,通过体制改革和政策调整,清除城乡之间的樊篱,破除“城乡二元结构”,把城乡作为一个整体,对国民经济发展计划、国民收入分配格局、重大经济政策等,实行城乡统一筹划,把解决“三农”问题放在优先位置,更多地关注农村、关心农民、支持农业,实现城乡协调发展。他认为,统筹城乡是一个内涵丰富的整体设计,它体现在经济和社会发展的方方面面:一是统筹城乡生产力布局,提高农村生产力发展水平;二是统筹城乡产业结构调整,加快农村二、三产业发展;三是统筹城乡就业,加快转移城乡富裕劳动力;四是统筹城乡社会事业,提高农村教育、卫生和文化水平;五是统筹城乡投入,加大对农村和农业的支持保护力度。有些学者注重体制、政策在统筹城乡发展中的作用。陈锡文(2004)认为,实现城乡统筹是一个宽泛的内容体系,进入全面建设小康社会的阶段,如果不能首先在观念上打破城乡分割的思维,进而逐步在体制和政策上体现城乡统筹的话,要真正全面建设小康社会是很困难的。加强城乡统筹,应该考虑农业、农村和农民三个层面。国务院副总理曾培炎(2004)在论述“三农”问题时认为,“三农”问题是制约我国现代化建设的一个突出问题。解决这个问题,要摆脱就“三农”论“三农”的思维方式,着眼于逐步改变城乡二元经济结构,着眼于推进城乡关系的全面调整。要把农业的发展放到整个国民经济的循环中统筹研究,把农村的繁荣放到整个社会的进步中统筹规划,把农民的增收放到国民收入分配的总格局中统筹安排。农业部部长杜青林(2005)认为,统筹城乡发展,是把农业和农村经济放到整个国民经济发展中统筹部署,把农村社会事业放到全面建设小康社会进程中统筹协调,把农民增收放到全国人民共同富裕中统筹安排,形成促进农村经济和农民收入持续增长的长效机制。

2.统筹城乡发展的目标和意义

对于统筹城乡发展的目标,代表性的观点主要有:①统筹城乡发展是解决当前我国严峻的"三农"问题的根本途径或关键点。韩长赋(2003)认为,目前我国的"三农"问题主要归结为农民增收缓慢、城乡收入差距进一步扩大,城乡统筹是解决"三农"问题的根本办法。陈锡文(2004)认为,当前我国诸多因素一致要求通过统筹城乡经济和社会发展来解决"三农"问题。②扭转城乡二元结构、缩小城乡差距,必须实行城乡统筹。郭玮、章国荣(2003)认为,要缩小城乡在收入、社会福利、财产、生活水平等方面的差距,应该统筹城乡的经济和社会发展。对于统筹城乡发展的意义,代表性的观点主要有:①宋洪远(2003)认为,统筹城乡发展是相同发展阶段国际经验的启示。②叶兴庆(2004)认为,统筹城乡经济社会发展不仅是新阶段解决"三农"问题的基本出路,而且是全面建设小康社会的重大任务。在这种形势下,促进城乡协调发展显得尤为重要。

3.城乡发展不协调的现状

学者们从城乡居民收入差距、社会福利差距、财产差距等方面入手,分析了城乡差距扩大的主要表现。如马晓河将我国城乡发展的不协调归结为"五大失衡":城乡公共品供给失衡、城乡居民投资失衡、资源要素流动和农村劳动力转移失衡、城乡居民收入增长失衡、城乡经济体制改革失衡。至于城乡差距拉大的原因,学者们从城乡产业特性、非均衡发展战略的惯性、不同的福利制度、就业及人口迁徙制度安排等方面分析了直接原因,并认为户籍制度、财税政策等体制和制度问题是深层根源。郭玮(2003)从收入差距、社会福利差距、财产差距和生活水平差距等分析城乡差距的主要表现,揭示了城乡差距产生的主要原因,如城乡产业特性、城市优先发展战略、城乡有别于的就业、医疗等社会制度安排。马晓河(2004)把城乡发展的不协调归结为城乡公共品供给失衡、城乡民间投资失衡、资源要素流动和农村劳动力转移失衡、城乡居民收入增长失衡、城乡经济体制改革失衡等。章国荣等认为,我国城乡居民收入差距的扩大,主要表现在总体收入差距、消费差距、投资收入差距、内部收入差距以及不同地区间的收入差距等,收入差距的直接原因是城乡产业结构差距导致的工农业效率差异,深层原因在于体制和制度,如户籍制度、工农产品价格差、农村财政收支差、农村金融存贷差等。

4. 统筹城乡发展的总体对策思路

学术界对这一问题有许多观点,但总结起来不外乎以下几种:一是合理调整国民收入分配结构,加大对农业的支持和保护力度;二是建立城乡统筹发展的基础教育、社会保障等体系;三是建立城乡统一的户籍制度、就业制度、财税制度等;四是推进农业结构战略性调整,提高农业质量,增加农民收入,加快城镇化进程。韩长赋(2003)认为,化解"三农"问题:第一,推进农业结构战略性调整,提高农业的质量、效益和竞争力,把农业自身问题解决好。第二,加快城镇化进程,促进农业劳动力和农业人口向非农产业和城镇转移。第三,合理调整国民收入分配结构,加大对农业的支持保护力度。第四,稳定农村政策,深化农村改革,保护和调动广大农民的积极性。李佐军(2003)认为,统筹城乡发展关键是建立城乡统一的制度,包括产权制度、价格制度、户籍制度、就业制度、社会保障和教育制度、财税金融制度,逐步实现城乡统筹,建立全国统一的市场,调动城乡经济主体的积极性和创造性,

形成城乡协调发展的局面。张红宇(2004)认为,统筹城乡社会经济发展希望解决的绝不是短期内的农业、农村和农民问题,而是试图建立城乡一体化良性发展的经济运行机制。统筹城乡社会经济发展,需要正视城乡统筹的阶段性特征、城乡统筹的社会转换、城乡统筹的制度创新等问题。何菊芳(2005)认为,实行城乡统筹的财政政策,必须建立规范的城乡统一税制,向城乡提供均等化的公共产品,进一步规范完善分税制。

5.统筹城乡发展的财政政策

目前就我国来说,研究财政政策的并不少,但直接以统筹城乡协调发展的财政政策为标题的不多见。只是党的十六届三中全会后才有研究城乡协调发展财政政策的,但也是零星分散在文章之中,单独研究此问题的很少,总结如下。

就财政分配的第一个阶段财政收入来说,统一城乡税制已形成共识。如"我们的观点是:立足农村税费改革已经取得的成果,进行制度再创新,通过引入新的农业税制,将改革推向新阶段。新农业税制的总体方案是:在近期(3 年内)彻底取消农业'两税',给农民休养生息的机会;中期(5 年左右)基本实行城乡统一税制,直接对农业生产者征收农业土地使用税(土地资源税),通过一般纳税人申报、购进环节缴纳以及进项退税和加价补偿假定相结合的办法对农业生产者销售农产品征收增值税;从长期看,要逐步并有选择地对农业收益征收所得税。"(王朝才,傅志华2004)有学者主张开征农村社会保障税(叶翠青2003)。还有学者主张将农村土地使用税和城镇土地使用税以及涉及房地产的税种(包括契税)归并为全国范围的不动产税(朱明玉,项仕安2004)。还有主张征收特定农林产品消费税的,这些农林产品包括:对人类健康有害的烟叶、烟丝等;贵重或非生活必需品,如海参、鲍鱼、燕窝等。也有人认为应当开征遗产税(殷海波2003)。就与财政分配的第二个阶段相关的农村公共产品供给体制改革而言,当前有以下共识:①改革城乡有别的公共产品供给体制,增加对农村公共产品的制度内供给,加大"六小"工程建设,改变农村公共产品落后的面貌。划清农村公共产品中央政府和地方政府的供给责任,加大中央和省级政府的财政投入,避免因县乡财政困难而导致公共产品供给不足,以满足农村对公共产品的需要。解决农口政府部门职能交叉重叠问题,减少相互协调,避免支农项目重复,增强合力,提高支农效益。加大政府机构改革力度,转变政府职能,减少人员经费,增加业务经费支出。财政监督延伸到公共产品提供环节,改变财政只管分配不管使用的弊端,依法加强监督。创新公共产品供给方式,引入社会资金,以弥补财政资金的不足(叶兴庆1997)。加强农村民主制度建设,让农民参与农村公共产品供给的决策,使公共产品供给结构符合农民需求结构。②农村公共产品的界定:一类是纯公共产品,包括农村基层政府、村组织的行政服务,农村公共基础设施(乡村道路、清洁饮水)、生态环境建设与保护、大江大河治理、农业基础设施建设(水利灌溉系统、农产品质量安全检测监测系统、农业信息系统)、农业科技进步(基础研究、重大技术成果的中试和推广示范)、农村抗灾救灾、农村公共卫生防疫、农村扶贫开发等。另一类是准公共产品,即农村基础教育、农村医疗救助、农村社会保障、农村科技文化等(财政部农业司课题组2004)。③农村社会保障是农村公共产品的重要组成部分,是政府的一项职责。尽快建立农村最低生活保障制度,完善农村基本的救济体系。以大病统筹为重点,加快建立农村公共卫生保障制度。改革现行医疗卫生管理体制,探索将农民工纳入公共卫生医疗保障体系的可行方案(中国改革发展研究院农村转型发展研究所2004)。完善农村社会保障制度,要从中国农村的实际出发,坚持城乡一体化的政策导向,坚持分阶段、逐步完善的原则,坚持地区差异原则,加大政府对社会保障的投入力度,优先解决农民的基本生活保障问题,建立多层次的农村社会保障体系,逐步缩小城乡社会保障差距,最终建立城乡一体化的社会保障体系(李剑阁,韩俊2004)。

从财政支出的角度研究城乡统筹的文献目前还不是很多,而且大部分集中在财政支出对经济增长影响和规模上。Jin、Qian和 Weingast(1999)从财政分权角度对地区间收入差距进行了解释,指出不同级别政府间的服务竞争和税收竞争极大地影响了个人和政府的最优决策,拥挤效应和实际察赋效应放大了通常意义上的收入效应水平。人口流动和财政分权提高了低生产力地区的福利,数值模拟分析结果表明高生产力、高察赋地区对低生产力、低察赋地区存在隐性的区域间收入再分配,在有限政策工具的约束下,对应性转移支付也具有缩小区域差距的功能。廖楚晖、余可(2006)、张钢、段澈(2006)考察了地方财政支出机构与经济增长的关系。刘乐山等(2005)分析了城乡公共品供给对城乡居民实际生活水平与生活质量的影响、对城乡居民人力资本积累的影响和对生产效率的影响。

综上所述,国内经济学界对于统筹城乡发展的研究内容日益丰富,研究方法也不断创新,取得了较大的成绩。但是,存在的问题还是不容忽视的。主要问题有:现象罗列较多,深层探究较少;对国外经验借鉴的研究较多,结合我国国情总结国外经验教训的成果较少;如何在正确理论指导下提出切合国情的政策建议,需要进一步努力。

目前,国内学者专门研究城乡统筹和财政支出结构之间关系的文章很少,研究经济增长和财政支出的论文较多,如杨玉秀(2002)通过收集整理我国 1978 年至 2000 年国内生产总值和财政支出总规模的数据资料,并对它们之间的关系进行了实证研究,结果表明:我国财政支出对国内生产总值增长具有正的相关性,财政支出每增长 1%,能促进我国国内生产总值增长 0.34%。马树才、孙长清(2005)以及郭庆旺、贾俊雪(2005)通过搜集我国

1978年以后财政支出与经济增长的统计资料,并对二者之间的关系进行了实证研究,结果表明:自从改革开放以来我国政府财政支出对经济增长具有明显的拉动作用,对我国经济增长具有正向的促进作用,增加政府消费规模能够促进经济增长。陈蜀豫(2006)在《中国财政支出结构优化与经济增长关系的实证分析》中运用中国1978—2004年的年度数据,以计量经济学理论为基础,建立了一个多变量协整与误差修正模型,对我国财政支出结构与经济增长的短期和长期关系进行实证分析,从而指出我国生产性财政支出、非生产性支出与经济增长之间存在长期的均衡稳定关系,并在上述实证分析基础上为优化我国财政支出结构提出了一些政策建议。然而,不同的结论也大量存在,吕冰洋、张德勇(2003)通过经验分析,并在此基础上构建理论模型,指出政府财政支出总规模与经济增长之间存在负相关性。曾娟红和赵福军(2005)运用我国1980至2000年之间的各项数据进行实证分析,得出结论是,政府的行政管理费用支出与经济增长之间呈负相关关系,而社会文教支出和国防支出与经济增长之间呈正相关性。

基于以上研究现状和现实的需要,本文着重从财政支出结构入手,来分析其各组成部分与城乡失衡的关系,尤其注重当代中国背景下的制度创新,从而为我国财政支出结构的优化提供依据。

三、本文的研究思路、创新和不足之处

(一)本文研究思路

统筹城乡发展是党中央、国务院从国民经济和社会发展全局的高度提出来的。党的"十六"大报告提出了"统筹城乡经济社会发展"的命题。党的十六届三中全会又提出了"五个统筹",其首要的任务就是统筹城乡发展。统筹城乡发展实质就是把城市和农村的经济和社会发展作为整体统一规划,通盘考虑,把城市和

农村存在的问题及相互关系综合起来研究,统筹加以解决。这是消除我国城乡二元结构,实现城乡互动共进,推进城乡协调发展的根本途径。统筹城乡发展涉及的问题很多,而最核心问题是如何发展农村经济,增加农民收入和保障粮食安全,以及如何缩小城乡居民之间在义务教育、医疗卫生和社会保障等方面的制度差异。造成农民收入增长缓慢、城乡收入差距过大的原因有很多,而城乡二元结构是最根本的制度性原因。我国城乡二元结构主要包括二元社会保障制度、二元医疗制度、二元义务教育制度、二元公共产品投入等。这种制度安排的本意是适应优先发展城市工业的需要,保证全国人民的粮食供给,避免劳动力大规模地涌入城市。它在很长时期内起到了重要的作用,有其必然性和必要性。不过,这种制度安排至少造成了三个方面后果:一是产生了大量的工农业产品之间的价格"剪刀差";二是城乡居民之间的收入差距和消费支出差距逐渐拉大;三是城乡社会事业发展差别巨大,造成很大的不公平。解决这些问题,是解决目前"三农"问题的关键所在,而最根本的路径选择就是统筹城乡发展。统筹城乡发展,首先要采取有力措施,促进农民增收。目前,从经济总量、财政收入以及二、三产业占 GDP 的比重看,我国实现工业反哺农业、城市带动农村的条件已经具备。党中央不失时机地提出两个"反哺"的方针,确实是一项顺应时势、符合规律的英明决策。从财税政策上讲,必须进一步调整国民收入分配结构和财政支出结构,加大对农业的支持和保护力度,使公共财政的阳光更多地向农村倾斜。农业是基础产业,又是弱势产业,要承担自然风险和市场风险。加快农业农村发展,增加农民收入,光靠市场调节不行,政府必须加强扶持和保护,这是世界各国普遍的做法。据测算,1996—1998 年,美国政府对农业的综合支持量为 9.5%,欧共体为 25%,日本为 41%,发展中国家墨西哥也达到 34%,而我国到目前为止对农业的综合支持量仅有 2%。2008 年胡锦涛总书记在中央农村工作会议上强调,要逐步形成国家财政支农资金增长的稳定机制和确保粮食安全,今后中央财政新增的文化、教育、卫生等事业经费,要主要投入农村。所以财政应调整支出结构,建立对农业的保护和扶持体系,增加财政支农资金投入数量,尤其是加大对农村基础设施建设的资金投入、农田水利投入等。

总之,为了实现城乡协调发展,政府要从实现社会和谐发展的全局出发,把农村发展放到整个社会和谐发展中统筹考虑,把农村进步繁荣放到整个社会中统筹规划。为此,政府不仅要制定增加农民收入和确保粮食安全政策外,而且要打破城乡二元义务教育制度、二元医疗卫生制度、二元社会保障制度等,进而建立城乡协调发展、共同繁荣的新体制。

(二)研究方法、创新和不足之处

1. 在本文写作过程中,主要运用了以下三种研究方法:

(1)综合研究结合专题研究

在城乡协调发展过程中,财政支出结构具有举足轻重的地位,但是由于它涉及城乡发展的总体和各个领域。所以本文把综合研究和专题研究相结合:在我国城乡二元格局的历史由来、城乡统筹的现实背景、财政支出的现实表现等方面,主要使用综合研究的方法,这样可以从总体上研究财政支出结构与城乡发展之间的关系;在促进我国农业可持续发展、缩小城乡义务教育差距、促进城乡卫生均衡发展等方面,作者采取专题研究的方法,以每个专题的现实状况为主线,讨论具有针对性的财政支出结构。

(2)比较研究

统筹城乡发展,本身就有一个城乡比较的问题。因为没有比较就找不到差距,没有差距就失去研究的意义了。所以笔者在写作过程中,主要通过城乡居民收入收入差距、城乡公共产产品供给差距等方面的比较,以此来寻找城乡失衡的原因。

还有一种比较就是国外发达国家在农业保护和提供农村公

共产品的经验与国内做法的比较。本文使用一章篇幅介绍了国际上农业较发达国家协调城乡发展的具体做法，以及它们在协调城乡发展上采取的相应的财政政策，并与我国的做法进行了间接比较，并以国外经验为启示，结合我国国情，提出完善财政支出城乡结构的对策与建议。这种比较方法显而易见有着重要意义。

（3）实证分析方法

本文以改革开放以来我国财政支出的统计数据为基础，建立相应计量经济模型，采用最小二乘法对财政支出的不同组成部分对城乡居民收入差距的影响程度进行实证分析，得出的结论基本与我现实状况相符合，并在此基础提出优化我国财政支出结构的相关建议。

2. 文章创新之处

本文写作过程中，吸收了前人的大量研究成果，在消化这些成果和利用新资料的基础上，本文从三个方面做出了一些创新性努力：

（1）研究视角

本文将财政支出结构作为考察统筹城乡发展的切入点，这是个有意义的研究视角与领域。以往研究统筹城乡发展的成果，大多专注于统筹城乡发展的总体状况，或者某个具体领域的基本情况，从财政支出结构的角度论述的很少。即便偶尔涉及财政支出，也只是简单勾画线条，没有深入探究。统筹城乡发展的财政支出结构研究，涉及方方面面的内容，它既是一个总体研究，又是一项多领域的具体研究，将城乡统筹发展和财政支出结构直接关联起来进行研究，无疑是具有重要意义的。

（2）学术观点

本人在学术观点上提出了一些新的看法。例如，笔者认为目前我国"三农"问题的核心问题不仅仅是农民收入问题，也包括粮食安全和粮农增收问题。此外，过去多数学者认为，我国城乡二元结构形成于建国以后计划经济体制时期,在快速推进工业化的过程中,城乡分割的经济社会结构逐渐形成。笔者对此提出不同观点,认为我国的二元结构可追溯到半殖民地半封建社会的历史时期,有着深刻的历史背景。

（3）研究内容

目前对于城乡差距研究成果较多,但是站在城乡失衡的视角,从财政支出结构的角度来研究财政支出在城乡经济和社会发展失衡,以及如何通过调整财政支出结构来缓解这种失衡的作用的文章比较少。本文对此问题进行了比较深入的研究,采用大量的经济统计数据进行了实证分析,同时,针对目前农村发展中财政支出结构存在的缺失问题做出了详细分析,并对如何促进农业可持续发展、缩小城乡义务教育、医疗卫生均衡发展、统筹社会保障发展,提出了相应的财政支出结构优化政策建议,这无疑对于我国正在进行的城乡协调发展具有重要现实意义。

3. 文章的不足之处

城乡统筹视域下的财政支出结构优化问题涉及内容广泛,包括财政支农支出、财政社会保障支出、医疗支出、教育支出等方面内容,由于笔者水平有限,文章还是存在很多缺陷和不足,目前笔者可以察觉得不足主要有:

（1）实证研究不足。由于本文涉及具体部门的支出结构及教育、医疗、卫生、保障、农业发展状况等数据无法收集与统计,客观上限制了实证分析方法的采用。

（2）理论深度不够。虽然,本人尽力尝试对城乡统筹视域下的财政支出结构优化的理论创新,但是,由于本人理论修养、知识结构的局限,对一些基本观点论述尚不够充分,或许本文部分观点并不正确。

总而言之,诸如此类的谬误定然不少,它们既是对本文研究的挑战,也是我将来的努力方向。

第一章 城乡统筹与财政支出结构

一、城乡统筹提出的现实背景与重要意义

城乡统筹发展是针对我国目前的城乡二元结构及其产生的严重的"三农"问题提出来的。城乡统筹发展是要改变我国历史上形成的城乡二元结构,目标是缩小目前的城乡差距,缓解严重的"三农"问题,逐步实现城乡一体化,最终实现城乡和谐发展。因此,从宏观上认识我国城乡二元结构形成的历史背景,党中央提出城乡统筹发展的现实意义,是研究城乡统筹发展的财政支出结构优化问题的逻辑起点。

(一)统筹城乡发展的基本内涵和二元经济理论

1.城乡统筹发展的基本内涵

所谓统筹城乡发展,就是要从国民经济和社会发展的全局出发,把城市和农村存在的问题及其相互关系结合起来统筹解决,一方面发挥城市对农村的辐射和带动作用,另一方面发挥农村对城市和工业的促进作用,实现城乡良性互动协调发展;改变城乡二元结构,建立起社会主义市场经济体制下的平等、和谐、协调发展的工农关系和城乡关系,最终实现城乡经济社会的一体化。

我国长期以来实行的是城乡差别发展的战略,其突出特征是:农业为工业提供积累,农村为城市提供积累,农民为国家提供积累,重要的生产要素配置向城市倾斜,这就导致城乡发展严重失衡,农业成为弱势产业,农村成为弱势区域,农民成为弱势群

体。久而久之,城乡差距越来越大,并成为阻碍社会经济协调发展的绊脚石。城乡差别发展战略在一定时期内促进了我国国民经济的快速稳定发展,有着不可抹杀的积极效应。但是,随着经济的的发展和社会的进步,城乡差距逐渐成为阻碍经济社会进一步发展的因素。为此,国家有必要对这一战略进行调整,协调城乡矛盾,重新统筹城乡关系。为此,政府应当实施强有力的调控和引导,在制定国民经济发展规划、确定国民收入分配格局、研究重大经济政策时,把如何理顺城乡关系放在基础性位置,通过财税等杠杆,引导市场建立一个城市带动农村、工业反哺农业的机制。另一方面,农村不能单纯地依靠城市的带动,而是要在统筹城乡的过程中发挥能动作用,通过深化自身改革,发挥农民群众的积极性和创造性,激发农村的潜能,加快发展步伐,逐步缩小与城市的差距。

党的十六大明确提出统筹城乡经济社会发展和改变城乡二元经济结构的问题。十六届三中全会又把建立有利于逐步改变城乡二元经济结构的体制,作为完善社会主义市场经济体制的一项主要任务。城乡二元经济结构,是指发展中国家广泛存在的城乡生产和组织的不对称性,也就是落后的传统农业部门和先进的现代经济部门并存、差距明显的一种社会经济状态。这是发展中国家经济不发达的标志,也反映着城乡之间的制度差异。城乡二元经济结构是发展中国家从传统的农业社会走向工业化和现代化必经的过渡形态。

我国在特殊的历史背景下快速推进工业化,长期实行优先发展重工业的方针、严格的城乡分割政策和计划经济体制,强化了这种过渡形态,延缓了社会转型过程。突出的表现是城市化滞后于工业化。在1957—1978年的21年间,农业在国民经济中的比重从40.3%降到28.1%,降低了12.2个百分点;城市化水平从15.4%提高到17.9%,只提高了2.5个百分点。按照这样的进度,城市化达到目前水平需要近 200 年时间。许多新建企业布置在偏远地区的发展格局,也是造成城市化滞后的原因。按照所谓适度城市化、过度城市化和滞后城市化的划分,我国城市化属于滞后型。

农村发展的缓慢和城市化的滞后是城乡发展不和谐的突出表征,也是影响我国由二元经济结构转变为现代社会经济结构的主要因素之一。现在党中央明确提出统筹城乡发展,就是要解决发展进程中存在的城乡关系不够协调的问题。解决好长期以来形成的城乡关系矛盾,是社会经济持续健康发展的必要条件,也是国家长治久安的坚实基础。可以推断,从城乡二元经济结构向现代社会经济结构转变,是今后几十年中国社会经济发展的基本走向。这种深刻的社会转型,将给解决"三农"问题带来前所未有的历史机遇,为经济持续快速增长开辟广阔的空间。

统筹城乡发展的实质是解决我国的"三农"问题,促进传统的二元结构向现代社会结构转变。统筹城乡发展客观上要求我们把工业与城市的现代化同农村的现代化整合为同一历史过程,城市现代化和农村现代化双向整体推进。换一言之,就是把城乡经济社会作为整体统一规划,突破城乡分割的二元体制和经济社会结构,整合城市工业化、农业现代化建设的各项政策措施,最终实现城乡经济社会的一体化。这是一个十分紧迫的问题,它需要一个比较长的历史过程。在这一过程中,相关的制度和政策设计不能脱离我国社会主义初级阶段和全面建设小康社会时期的基本国情,既要有紧迫感,又要看到实现过程的艰巨性和复杂性。

考察西方经济发达国家的情况,都曾存在城乡不协调的历史阶段,后来为了实现现代化,通过大量财政补贴和各项税收优惠政策扶持农业,提高农民收入,才最终实现了城乡的统筹发展。我国农业生产条件总体不好,农业经济效益又差,非农业人口占少数,这与西方国家有着较大的差别。因此,在统筹城乡的过程中,不可能完全照搬西方国家的做法,但可以借鉴其适合我国国情的办法。工业反哺农业、城市带动农村要取得良好的效果需要一个较长时期,所以城乡差距仍会在较长时期内存在,特别是绝对差距。现在我们强调统筹城乡发展,不是说马上就要消除城乡差距,实现一体化,而是努力抑制差距扩大的趋势,积极采取措施逐步缩小差距,为城乡统筹发展和城乡一体化的最终实现创造条件。

统筹城乡发展的主体是政府。目前我国正在逐步完善社会主义市场经济体制,处理好政府宏观调控与市场自由配置的关系问题,是国民经济协调稳定发展的必要条件。社会主义市场经济必须是在宏观调控下的市场经济,市场这只看不见的手应当发挥资源配置的基础性作用,但政府这只看得见的手的主观能动作用是绝对不可偏废的。只有以政府为主体,自觉地应用分配杠杆,在宏观上通过改善资源配置和调整需求的总量、结构,使“需要”与“满足需要的手段”协调发展,才能使再生产减少盲目性,从而顺应价值规律。政府要真正站在全局的角度,引导企业和居民,以市场为导向,着力发现和研究市场需求,制定长远的财政经济发展战略。

统筹城乡发展必须对农村生产方式进行一场大的革命,这就需要各级政府充分扮演组织领导的角色。政府部门不能等着市场自发的力量进行生产组织形式的改造,而应当主动出面组织引导各种生产组织的建立和运行。通过建立新的领导体系,以财政金融作为调控的主要杠杆,实现发展计划、农业技术、农业物资、生产流通、人才交流等相关部门的整合。

2.二元经理理论

在发展中国家,二元性是一个普遍存在的现象。二元结构是发展经济学对发展中国家的社会经济特点的一种理论概括。当前,中国处于经济结构转变的关键时期,经济发展具有鲜明的“过渡"特征。从发展阶段看,正从低收入阶段向中等收入阶段过渡,最终完成由"二元经济"向现代化经济的转变;从体制模式看,正在从计划经济向市场经济过渡;从发展水平看,正从初步小康到较高水平的全面小康的过渡。过渡性表明经济转型过程中产生的各种失衡现象将会长期存在,经济运行中存在的结构性矛盾,主要是城乡二元经济结构的矛盾,在目前乃至今后相当长的一段历史时期内,将成为制约中国经济协调发展的第一因素。特别是随着市场经济的发展及国民经济的快速增长,统筹城乡发展已成为关系到宏观、战略和持续发展的问题。因而,改造传统农业部门、发展农村经济,推进经济从落后状态向发达状态的转变,实现城乡二元结构的趋同是中国目前最为紧迫的任务,也必然成为21世纪前20年中国经济发展的战略目标。从公共财政支出机制的角度看,以城乡经济增长和发展状况的差异体现的中国城乡二元结构,在很大程度上是由公共财政的投入规模与结构决定的。所以,解决城乡统筹发展问题,要求从调整财政支出结构入手,在城乡之间合理有效地配置财政资源。

二元经济理论作为一个术语,"二元经济"最初是伯克(Booke,1933)提出,他在对印度尼西亚社会经济的研究中,把该国经济和社会划分为传统部门和现代化的荷兰殖民主义者所经营的资本主义部门,他当时的研究既具有开创性,但同时又仅仅限于对二元经济的一种单纯的描述。典型的二元经济理论是由发展经济学家阿瑟·刘易斯(W. A. Lewis)提出的,后来经过费景汉(J. Fei)和拉尼斯(G. Ranis)等发展经济学家们的不断发展、完善和深化,成为描述发展中国家经济发展的一种典型经济发展理论,也被称为"刘易斯—费—拉尼斯模式"(Lewis—Fei—ranis-Model)。二元经济理论明确指出了二元经济结构是各国经济发展过程中的一个普遍存在的现象,即以主要为满足农村人口自我消费为主的传统经济部门与资本主义性质的以大工业为代表的现代经济部门并存的"二元经济"现象,提出了发展中国家发展经济的基本模式,进而研究发展中国家利用什么经济机制,由传统经济向现代经济转化,使城乡处于平衡发展状态,最终使二元经济结构变为一元经济结构的规律性。

(1)刘易斯的二元经济论

刘易斯的二元经济理论有三个假设:①将国民经济分为两个部门:一是传统的农业部门,它使用了大部分劳动,具有自我维持、劳动人口过剩及边际劳动生产率为零的特征;二是劳动生产率高的现代化城市工业部门,其劳动力源源不断地来源于有着剩余劳动的农业部门。传统部门落后,但比重庞大;现代部门先进,但比重较小。②劳动无限供给;③工资水平固定不变,并具有完全弹性。

具体来说,刘易斯的二元理论包括"最低生存费部门"和"先进部门",即把现实中的农村部门列为最低生存费部门,他强调这个部门的经济特征是处在马尔萨斯的最低生存费均衡状态;把城市工业部门归为先进部门。为了追求理论的明确性,他关于两部门发展的理论采用的是农业和工业两个概念,因为农业和工业在经济理论上的特征比农村和城市更清楚。但在劳动力转移问题上,刘易斯本人明确地将其划分为农村部门和城市部门。就是说,他已注意到了农村与城市间的劳动力转移,不同于农业和工业间的劳动力转移。

刘易斯的二元经济理论认为,在一定的条件下,农业的边际生产力为零或近乎于零,构成这个部门的成员享受平均的收入分配,与边际生产力无关。劳动者在这种"传统的工资"水平上提供劳动,无论多少劳动力,农业部门都能提供,因而存在无限劳动供给。这是促使二元结构形成并能维系它长期存在的关键性因素,具体表现为传统部门中存在着大量的隐蔽失业者。这种大量隐蔽失业人口的存在,既是传统部门生活水平低下和发展受阻的根源,又是现代部门扩张所需劳动力的源泉。同时,在提供同等质量和同等数量的劳动力的条件下,非熟练劳动者在先进部门比农业部门的工资高。这种工资差异也导致农业部门的劳动力不断地向先进部门转移,直到两者工资水平相近为止。因此,刘易斯理论也叫劳动力无限供给理论。

关于传统农业部门和先进部门的相互关系,刘易斯认为,一方面,农业部门是产生过剩劳动力的根源,即在现行工资水平下,农业部门对现代部门的劳动力供给超过这些部门对劳动力的需求,换言之,发展初期非熟练劳动力是充裕的,从而使现代工业部门能以不变的低工资得到源源不断的劳动力供给。在这个意义上,农业部门劳动力无限地就业是经济发展的前提条件。另一方面,经济发展的推动力来自先进部门。传统农业部门边际生产率为零的隐蔽失业和过剩劳动力的出现,使得工业部门可以形成剩余产出,而剩余产出又通过利润的再投资增加资本存量,不断扩大资本规模,从而创造更多的劳动机会,吸纳更多的农业剩余劳动力,而这正是经济发展的关键。

事实上,这里隐含着这样的假设:现代城市部门的资本积累能带来固定比例的劳动力就业的增长,意味着不存在劳动力节约型的技术进步,资本积累与扩张速度越快,创造的就业机会增长也越快,也就越可能将剩余的劳动力吸收到先进部门中去。这种情况一直延续到农业部门的剩余劳动力被先进部门吸收完毕,农业部门的劳动边际生产率不再为零,城市工业部门不提高工资水平就不再有农业劳动力的供给,这时先进部门劳动者和农业劳动者的收入都将随着投资的增加而获得提高,两部门的发展处于平衡状态,经济结构发生转变,经济中的二元结构也由此消失。

(2)拉尼斯—费景汉的二元经济理论

拉尼斯—费景汉(G. Ranis and J. Fei)的二元经济理论是对刘易斯理论的改良精确化。拉尼斯—费景汉提出的两部门概念是由最低生存费部门和资本主义部门构成(以下分别简称为农业部门和工业部门)。他们指出,发展中经济的特征就在于广大的农业部门与规模小的工业部门并存。因农业生产率提高而出现的农业剩余是农业劳动力流入工业部门的先决条件。因此,他们把劳动力向工业部门的流动过程划分为三个阶段。第一阶段类似于刘易斯模型。第二阶段是工业部门吸收那些边际劳动生产率低于农业部门平均产量的劳动力。此时,农业部门劳动力的边际产量为正值,他们向工业部门的转移导致农业部门的萎缩,从而农业向工业提供的剩余减少,农产品供给短缺,使工农业产品间的贸易条件转而有利于农业,工业部门工资开始上涨。第三阶段是经济完成了对二元经济的改造,农业完成了从传统农业向现代农业的转变。农业部门和工业部门工资都由其边际生产力决定,农业部门与工业部门之间的劳动力流动完全取决于边际生产力的变动。经过改进后的模型更准确反映了二元经济发展的内在联系和自然演进过程。总之,我认为,应从两个方面来把握刘易斯—费—拉尼斯二元经济论的中心思想。

第一,劳动力在两个部门之间的转移构成经济发展的主线。二元经济发展的本质是结构转换。二元经济结构的直接根源是传统部门劳动力的无限供给,因而其转化的关键动力在于不断促进农业部门剩余劳动力向城市和非农业转移。二元经济理论以新古典学派的观点为基础,认为发展中国家的传统农业部门存在着劳动边际生产力为零的隐蔽性失业,而农业部门和现代部门之间存在着工资差别,于是经济的自动机制把劳动力从低工资的农业部门推向高工资的现代部门,提高了农业部门的工资水平,增加了现代部门的就业和产出,最终消除农业部门和现代部门之间的差别并达到充分就业。但需指出的是,这种转移又暗含着一定的条件,包括:农业剩余劳动力向城市(或现代部门)的转移不能有人为的障碍(尤其是体制上的障碍),以使这种转移顺畅自然;

农业部门剩余劳动力的素质应不断提高以适应工业化的需要；农业部门的劳动生产率必须不断提高，以与工业部门的劳动生产率大体相当等。

第二，二元经济是两个既相互独立又相互影响的经济部门构成的有机整体。经济发展的过程，就是以城市产业为代表的现代部门取代传统部门的过程，就是农业、农村、农民转变为广义工业、城市和工人的过程，就是家庭生产组织形式变为工厂企业组织的过程。这个过程的终结就是现代经济的一元化格局。这已被发达国家成功地完成了从二元经济向现代一元经济过渡的实践所证明。

二元经济理论的一个重要贡献是得出了一国要加速现代化进程，在很大程度上要不失时机地实现二元经济结构向现代经济结构转换的重要结论，并进一步指出要使结构转换得以均衡和持续实现，必须把握现代部门与农业部门的关系。现代部门是主导部门，但农业部门绝不是消极或被动的部门，两部门之间必须均衡互动，在现代部门快速发展的同时，保证农业部门的相应发展。解决这个问题的主要途径是提高农业生产率，因为它是保证工业部门扩张和农业劳动力顺利转移的条件。这就要求改造传统农业，特别是要依靠国家向农业进行特殊投资来提高农业劳动生产率，确保农业生产率与现代部门生产率的同步增长。

(二)我国城乡二元格局的历史沿革

不少学者认为，我国城乡二元结构形成于计划经济体制时期，在大力推行个体经济向"政社合一"的集体经济转变和快速推进工业化的过程中，城乡分割的壁垒逐步形成，由此派生出我国城乡分割的二元经济社会结构和体制。并认为，我国后来之所以出现日益严重的"三农"问题，其根源盖出于此。[①] 对此笔者不敢

---

① 王伟光：《建设社会主义新农村》，中共中央党校出版社 2006 年版，第 133 页。

苟同。实际上,我国的二元结构可追溯到半殖民地半封建社会的历史时期。在漫长的封建社会,中国一直是居于世界领先地位的农业大国。乾隆中期时,中国经济总量仍然居于世界第一位,人口占世界的1/3,对外贸易长期出超。但是进入富裕的盛世之后,乾隆开始闭守自大,不思进取,朝廷上下也贪图奢靡享乐,虚骄懈怠,腐化衰败。结果在短短的一百多年时间里,清朝就丧权辱国、割地赔款,以致最后灭亡。正如马克思在《中国革命和欧洲革命》中指出的那样:"中国在 1840 年战争失败后被迫付给英国的赔款,大量的非生产性的鸦片消费,鸦片贸易所引起的金银外流,外国竞争对本国生产的破坏,国家行政机关的腐化,这一切就造成了两个后果:旧税捐更重更难负担,此外又加上了新税捐。"①清政府的腐败与妥协投降加上外国侵略者的掠夺与欺凌,使人民负担日趋沉重,阶级压迫和民族危亡直接导致了全国各地农民起义的爆发。为了镇压太平天国运动和增强国防力量,清朝统治者开始了洋务运动,初步形成了以军事工业为中心,钢铁工业为龙头,航运业、采掘业、纺织业初步发展的近代产业结构,形成了中国资本主义发展过程和产业结构的特殊性。随着举借外债、洋务运动在中国的出现,中国社会阶级构成和阶级关系也发生了新的变化,并引起社会政治、经济和思想文化等各个领域的变化。中国近代工业的资本主义原始积累主要是通过以下三种途径进行的:一是利用国家信用向外国举债,直接买进了先进技术,发展了生产力,同时又丧权辱国,出卖主权、资源,并以向人民掠夺的形式归还外债本息。二是国家政权利用国家财政,直接动用国库或国家信用(即内债)来创办工业。三是大官僚通过官督商办、官商合办的形式来创办近代的工矿企业。

　　由此可见,中国资本主义的发展具有鲜明的两重性,中国资

------

① 马克思、恩格斯:《马克思恩格斯选集》(第 2 卷),人民出版社 1972 年版,第 3 页。

本原始积累也具有不同于西方国家的特殊性。中国近代特定的历史环境决定了特定的经济发展(工业与农业之间的关系)道路。中国近代工业化是在外国资本主义入侵后被动地进行的,洋务运动是在没有进行任何政治革命或改良运动的政治环境下展开的。为维持封建统治、镇压农民起义和抵御外国侵略,它一开始就集中投资于军事工业,走了一条以军事工业为主的"重工业—轻工业—重工业"的发展轨迹,而不是遵循着"轻纺工业—重工业—交通运输业"这一世界一般性工业化道路发展。这就不可避免地在资金、技术、人才等方面遇到难以克服的困难,从而制约了近代工业化的发展规模、效益和速度。20世纪30年代开始,在南京国民政府统治下,工业经济内部结构有所改善,轻工业的比重得到一定提升。然而随着工业化水平的提高,尤其为了抵御日本帝国主义侵略的需要,电力、钢铁、化学等新兴重工业部门的比重和生产能力在整个工业结构中再次居于重要地位。同时,中国近代大型工业生产的一半集中在上海,虽然抗日战争期间因为工厂西迁和后方工业一度超常发展,使产业布局集中于东部的情况得到一些改善,但是抗战结束后,大批企业又重返东部,加剧了生产力区域布局的不合理。它制约着全国各地资源的有效配置,阻碍了各地区经济发展和全国经济一体化的步伐,并且这种格局对以后的产业结构调整和促进社会经济发展仍然有重要影响。由此可以看出,中国近代工业的发展从一开始就是畸形的,具体表现在工业与农业的发展脱节,东部沿海地区与广大中西部内陆地区的发展脱节,轻重工业内部之间的发展不协调。①

从鸦片战争爆发到新中国成立前夕的109年间,中国的工业化发展一直是建立在半殖民地半封建的社会基础上,资本原始积累不足,资本主义大生产有限,广大的农村经济处于自然经济和

---

① 许毅:《从百年屈辱到民族复兴》(第1卷),经济科学出版社2002年版,导论。

小生产密布的局面。到建国前夕,农业和手工业的小生产占国民经济的比重仍在 90% 以上,这种典型的二元经济结构模式显然来源于近代以来半殖民地半封建的历史环境。中国共产党通过农村包围城市取得全国政权后,工农联盟进一步巩固,在政治上已经具备了建立新中国的条件。而没收国民政府的官僚垄断资本,在经济上也为建立大生产的经济基础铺垫了基石。在这种局势下,本应该着手解决城乡二元经济结构的问题。但是,当时新中国面临着严峻的国际国内形势:国际方面,以美国为首的帝国主义国家对中国实行全面封锁禁运和战争威胁;国内方面,连年战乱和国民党政权的剥削,经济凋敝、民不聊生,特别是农村经济遭受严重破坏。当时全国农民生产的粮食只有 2900 亿斤,不可能维持 5 亿多人口的生存,为保证经济建设的顺利进行,在生产力低下和物资匮乏的条件下,只能实行统购统销政策和"票证"供给,农民不能落户城市,只有留在农村生活。[①] 在这种形势下,为了稳固新生的共和国政权,只能依靠农业、农民为工业化提供资金积累,优先发展以重工业为核心的工业体系,把我国由一个贫穷的农业国建设成为强盛的工业国。基本做法就是通过工农业产品价格"剪刀差",低价收购农产品,把农业剩余转化为工业利润,再通过严格控制工业部门的工资水平,把工业利润转化为财政收入。

我国自 20 世纪 50 年代初开始进入大规模的大工业建设时期。大力发展工业和优先发展重工业的战略是这一时期我国经济工作的指导思想。为了加速工业化进程,我国政府通过计划经济手段在城市和农村进行了一场空前规模、持久深远的社会变革。通过征收农业税和工农产品"剪刀差",攫取大量的农业剩余,而这两种方式都是凭借财政手段来实现的。"剪刀差"政策的

结果就是使国有企业的收入和利润增加,国有企业的收入和利润上交国家财政,财政则根据国家计划,统筹安排使用,把资金主要投向与工业化发展相关的用途。为了从农业中能够获取稳定的资金,我国政府在政策制定上实行了严格城乡分离政策,如就业政策、社会保障政策、户籍政策、财政政策等,就是这些制度设计逐渐导致城乡二元体制。国务院在 1953 年 11 月正式颁布《关于实行粮食的计划供应和收购的命令》、《粮食市场管理暂行方法》,规定了种植粮食的农民按照国家规定收购价格,要将余粮出售给国家;国家按人口定量供应粮食给城市居民。自此,国家为了工业化的需要,城乡之间商品交换渠道被政府统一控制起来。为配合农产品统购统销顺利实施和确保粮食供应,并针对 1956 年全国发生大规模农民涌向城市的现象,1956 年末到 1957 年 12 月,我国政府连续四次传达"防止、制止农村人口盲目外流"的指示。

1958 年,全国人大常委会在第 19 次会议上正式通过《中华人民共和国户口登记条例》,严格限制农村人口流入城市,城乡分割的户籍政策开始实行。它标志着城乡分离制度和二元结构的正式形成。城乡分割的户籍政策和统购统销政策把农民牢牢固定在农村,农业成为牺牲自我主角为实现国家工业化。我国"一五"计划刚刚完成,苏联同我国发生了严重分歧关于中苏合作方式等问题方面。中苏交恶的情况发生以后,苏联撤走全部的驻华专家,并向我国追讨债务,另外在美苏争霸的情况下是否会带来的战争加重了我国的紧张气氛。为了消除美、苏两国的战争威胁,捍卫新生的人民共和国,我国再次强化了重工业优先发展的战略,这样一来本已经滞后的农业不但要继续提供工业化积累,而且还要清还外国贷款和债务。这样一来,清末以来一直存在的不合理产业结构和农业、农村、农民问题,由于现实和历史条件的约束,根本没有得到解决,城乡二元结构依然是制约我们社会主义建设的瓶颈。

据统计,改革开放前的 20 多年,国家以工农产品价格"剪刀差"形式从农业中提取的经济剩余估计在 6000 亿～8000 亿元之间。计划体制和工业化政策强化了中国经济和社会的二元特征,使城市和农村在生产和生活水平上表现出极大的差异,造成了工农业发展严重失调和城乡发展的严重失衡。从 1949—1978 年,工业总产值增长了 38.2 倍,其中重工业总产值增长了 90.6 倍;工业总产值占工农业总产值的比重,由 30％提高到 72.2％;重工业总产值占工业总产值的比重,由 26.4％提高到 57.3％。与此同时,我国农业产值在工农业产值中的比重呈急剧减少的趋势,从 1949 年的 70％下降到 1978 年的 27.8％。1978 年,我国仍有 82.1％的人口生活在农村,而当年农业总产值只占全社会总产值的 22.9％。1952—1978 年,我国农村居民的消费水平只增加了 73 元,城镇居民增加了 251 元,是农村居民消费水平增长的 3.44 倍。1978 年,我国农村居民人均纯收入 133.57 元,人均生活消费品支出 69.63 元,其中食品支出46.59元,占 65.8％。以恩格尔系数衡量,农民处于绝对贫困状态。而在这一时期财政为配合国家工业化建设的需要,其投资方向主要向工业项目和城市建设倾斜,财政与城乡发展的关系可以概括为从农业转移资源,支持国家追求经济高速增长为主要目标的重工业导向发展战略。当然,在改革开放以前,国家也尝试对农村进行改造,这次改造虽然在国家层面上引起高度重视,也注意到农业现代化特别是农业生产工具现代化的重要性,但在农村继续支持城市工业化的二元格局下,国家是不可能投入较大的财政资金到农村地区,也不可能从财税政策上推动农民增加收入,农业生产的规模化和集约化更是难以真正实现。在二元经济结构的长期影响下,我国二元社会结构日益凝固。在产业分布上,现代工业集中在城市,传统农业集中在农村,城市享有比较丰富的物质文明和精神文明,农村的物质文明和精神文明则长期处在落后状态,由此形成现代城市和传统农村并存的区域"二元"社会结构,而且随着社会发展,城乡在政治、经济、社会发展、生态等各个方面的差距越显突出,城乡"二元"社会结构更加强化。

(三)城乡统筹发展战略的提出

城乡统筹发展战略的提出是解决我国多年来城乡经济与社会发展不平衡的产物,是科学发展观的本质要求和重要内容,也是从根本上解决"三农"问题的战略举措。因此,城乡统筹发展的提出具有深刻的现实背景和历史意义。

1. 城乡统筹战略提出的现实背景

(1)国民经济发展进入新阶段

本世纪前 10 年,我国经济持续高速增长,2005 年,中国国内生产总值达到 182321 亿元人民币,相当于 22257 亿美元,人均国内生产总值达 1703 美元。一般认为,人均 GDP 达到 1000—3000 美元之间时,是国民经济快速增长时期,也是社会矛盾的突发期[①]。在诸多社会矛盾中,城乡矛盾是易于引发社会分化与冲突的主要矛盾之一。在快速增长的发展中国家,城乡矛盾通常有两类表现:一种是经济快速增长,城乡关系协调发展,社会各方能共享经济增长的利益;另一种是伴随着经济的快速增长,城乡之间的收入分配状况恶化、贫富差距悬殊、失业问题突出,各类矛盾与冲突加大。越是人口众多的发展中国家,出现第二种状况的可能性越大。如何避免或者扭转第二种格局,保持第一种城乡协调发展态势,是我国当前面临的重要挑战。

(2)城乡差距不断扩大的矛盾

在国民经济不断发展的同时,我国的城乡差距却逐渐加大。联合国驻华机构曾在《中国实施千年发展目标进展情况》的评估

---

① 方丽玲:《城乡统筹:城乡关联视角分析》,《财经问题研究》2006 年第 6 期,第 16—23 页。

报告中这样写道:"从农村人口的收入增长率来看,中国已经从90年代初的每年5.7%降到2002年的3.7%,而在这期间正是中国经济高速增长的时候,但农业人口的收入增长率反而下降了⋯⋯从人类发展指标看,上海跟葡萄牙这样的发达国家是接近的,但是西藏和贵州的农村地区只相当于非洲的纳米比亚或加纳这样的贫穷国家[①]。"蓝皮书编辑组组长、中国社科院数量经济与技术经济研究所副所长齐建国在社科院发布的2007年经济蓝皮书指出:中国城镇居民和农村居民收入差距扩大的趋势10年内无法扭转。2006年和2007年城镇居民可支配收入增速与农村居民人均纯收入相比,将高出4个百分点,与往年相比,呈现了扩大趋势[②]。

在国民经济整体实力仍在持续发展的同时,城乡经济发展不平衡给国民经济持续高速发展及全国建设小康社会的目标带来了阻力,已成为全国经济发展的"瓶颈"。实现城乡为了加快农村经济发展,减小城乡差距,国家近年来出台了一系列的政策措施,但是,农村经济落后的格局依然维持,城乡差距还在扩大之中,城乡关系的不协调状况日益明显。

(3)统筹城乡发展是全面建设小康社会现实需要

进入21世纪,虽然我国大体上已经步入了小康社会,但是此时小康还是不平衡的、低水平的、不全面的。低水平指的是农村小康建设的低水平;不平衡指的是城乡发展之间的不平衡;不全面指的是农村经济社会发展上的不全面。不论是贫富差距、群体差距、地域差距,从本质来看就是城市居民和农民之间的差距。虽然城市绝大部分居民在2008年已达到小康水平,但是广大农村还没有解决温饱问题的贫困人口大致有2160万[③],初步解决温

---

①　张锐:《"新农村建设"的经济学解读》,《中国改革》2006年第1期,第17页。

②　"中国经济形势分析与预测"课题组:《2007年:中国经济形势分析与预测》,社会科学文献出版社2006年版,第22—27页。

③　2007年农业部副部长高鸿宾答记者问所提到的数据。

饱问题的低收入人口大致 5000 万。因此,在新世纪的前 20 年,农村是建设一个包括 13 亿人口的全面的、高水平的、小康社会的关键。从现实情况来看,依靠农民自身力量去完成农村小康建设的任务是不可能的,依靠城市自发的带动作用去完成这一任务也是不可能的。因此,这就要求国家把建设与发展的重心放在农村而不是城市,必须把小康建设的重心放在农村,尤其要强化城市带动乡村、工业支持农业的力度。"全面小康"包含了我国经济社会发展方方面面,即政治、科技、法制、教育、卫生、文化、道德等多方面的内容。全面小康建设本质上就是政治文明、精神文明、物质文明建设的协调发展过程。统筹城乡发展就是三个文明建设协调发展的手段,只有通过这个手段才能保障全面小康建设走上正确的轨道。

(4)解决"三农"问题的根本途径

众所周知,统筹城乡发展战略是针对我国目前日益严峻的"三农"问题而提出的。当前我国"三农"问题主要表现在农民收入增长缓慢、城乡收入差距扩大和农村经济社会发展严重滞后。它不仅制约了国民经济的良性循环和健康发展,而且危及社会稳定乃至国家的长治久安,成为一个复杂的、重大的政治问题、经济问题和社会问题。解决这些问题,必须靠统筹城乡经济社会发展,实行农业和农村发展战略转型。世界银行公布的数据表明,城乡居民的收入差距比率一般低于 1.5∶1,而 2009 年我国城乡居民人均收入比率为 3.3∶1,远在国际平均线上。目前我国城乡的巨大差距已明显超出了合理的范围,市场作用大大失灵。这样,缩小城乡差距、增加农民收入和改变农村落后面貌已不能单靠市场自发的力量,必须通过政府的城乡统筹,加强对农业、农村、农民的支持和倾斜,才能将城乡差距缩小到合理的范围,继而形成合理的产业梯度,促进国民经济健康增长。这就要求我们站在国民经济的大背景中通盘考虑工农关系、城乡关系,着力打破二元结构,解决制约"三农"问题的体制性矛盾,在指导思想和基本政策上实现从工业掠夺农业向工业反哺农业的根本转变。这是解决"三农"问题的根本出路。

(5)解决"三农"问题的根本途径

众所周知,统筹城乡发展战略是针对我国目前日益严峻的"三农"问题而提出的。当前我国"三农"问题主要表现在农民收入增长缓慢、城乡收入差距扩大和农村经济社会发展严重滞后。它不仅制约了国民经济的良性循环和健康发展,而且危及社会稳定乃至国家的长治久安,成为一个复杂的、重大的政治问题、经济问题和社会问题。解决这些问题,必须靠统筹城乡经济社会发展,实行农业和农村发展战略转型。世界银行公布的数据表明,城乡居民的收入差距比率一般低于1.5∶1,而2009年我国城乡居民人均收入比率为3.3∶1,远在国际平均线上。

目前,我国城乡的巨大差距已明显超出了合理的范围,市场作用大大失灵。这样,缩小城乡差距、增加农民收入和改变农村落后面貌已不能单靠市场自发的力量,必须通过政府的城乡统筹,加强对农业、农村、农民的支持和倾斜,才能将城乡差距缩小到合理的范围,继而形成合理的产业梯度,促进国民经济健康增长。这就要求我们站在国民经济的大背景中通盘考虑工农关系、城乡关系,着力打破二元结构,解决制约"三农"问题的体制性矛盾,在指导思想和基本政策上实现从工业掠夺农业向工业反哺农业的根本转变。这是解决"三农"问题的根本出路。

(6)统筹城乡发展是保持经济社会持续快速健康发展的需要

由于农民收入增长缓慢、城乡收入差距拉大,近几年我国城市居民收入增长较快但消费倾向较低,农村居民消费倾向较高但消费能力较低。这一情况加剧了城市市场饱和与工农业产品的低水平过剩。按照国际经验,发达国家在人均国内生产总值达到3000美元以后才出现买方市场,而我国在2001年人均不到900

美元就出现了工农业产品的低水平过剩。这种状况不仅不利于提高工业质量和效益,影响产业结构优化升级,而且制约内需的持续扩大。

我国近年来内需不足主要表现为农村需求不足,这是由农村居民购买力低造成的。我国农村实际人口占全国总人口的60%以上,但农村社会购买力占全国的比例一直低于40%。农村需求不足或农民购买力低下的直接原因是农民收入水平低,这又根源于城乡分割制度和"城市偏好"的经济发展战略。换句话说,就是根源于城乡没有统筹协调发展。有关研究表明,经济发展由工业化初期进入工业化中期,农业向工业提供积累转向工业反哺农业的标志是:人均 GDP 超过 800 美元,农业占 GDP 份额降到20%以下,农业在工农业增加值中的份额降到30%以下,农业的就业份额降到50%以下,城市人口份额上升到35%以上。

许多学者根据上述指标并结合我国目前的实际情况,指出我国已进入了工业化中期阶段。世界各国经济发展的普遍规律告诉我们,工业化进入中期阶段以后,国民经济的主导产业由农业转变为非农产业,国民经济增长的动力机制主要来自于非农产业。因为工业化能通过其自身的积累,生成推动工业化的能力,不需要从农业中吸纳资本等要素。在这个阶段,农业与工业的相互关系发生改变,农业不再是受挤压和剥夺的部门,工业和城市的发展不但完全依靠其自身的积累,而且可以反哺农业,形成工农业和城乡之间的平等协调发展。这就是说,工业化中期阶段,客观上已经为统筹城乡发展创造了物质基础和经济条件。可以说,我国现在实行统筹城乡发展战略可谓适逢其时,与工业化中期阶段的城乡关系基本特征相适应。如果不及时调整工农业和城乡关系,改变传统的二元结构模式,就会加剧国民经济和社会发展的许多矛盾。因此,应该也必须及时调整国民收入分配政策和分配结构,建立起支持"三农"发展的国民收入分配政策和分配结构,形成工农业平等协调发展和城乡共同繁荣进步的城乡一体化经济社会模式。

2. 经济全球化的国际大背景

随着经济的全球化和一体化,我国对外经贸交往愈加频繁,外贸形势日益看好。以中美贸易为例。中美贸易的增长速度呈超常速度增长。根据美国对 230 个贸易伙伴的排行榜,从 1989 年到 2009 年,中美贸易在美国贸易总量中的地位已经从第 6 位上升到第 2 位,美国对华出口已经从第 15 位上升到第 3 位,美国从中国的进口则从第 9 位上升到第 1 位。如此快速、紧密的经贸关系的形成,得益于中国的改革开放政策和利用两个市场两种资源的方针,也得益于美国政府和企业的经济全球化战略。

我国的劳动力比较优势决定了所生产的产品在国际贸易上具有较强的竞争力,这无形之中会对国外相关产业和就业形成一定的压力。随着我国经济和贸易的高速增长,我国同许多贸易伙伴国进入了贸易摩擦多发期,不仅同美国、欧盟的贸易摩擦增多,就连一些发展中国家也开始对我国的外贸扩张力有所报怨。美国以对华贸易逆差不断扩大为由,在纺织品出口、知识产权保护、人民币升值、市场准入等方面对我不断施加压力。2006 年 3 月 23 日,欧盟委员会正式批准了对中国出产皮鞋反倾销案的制裁方案。3 月 30 日,欧盟、美国常驻 WTO 代表团大使分别致函中国驻 WTO 代表团,就中国汽车产业发展政策等措施在 WTO 提起争端解决机制下的磋商请求。不久,欧盟发表公报,将对中国 7 家彩电企业恢复征收 44.6% 的反倾销税。与此同时,一些发展中国家也在相关领域实施贸易保护,以减少贸易竞争威胁。

中国对外贸易遭遇国际社会的“找茬”,并非只是现在才有。根据世贸组织的统计,从 1995 年至 2005 年,我国已连续 11 年成为全球遭受反倾销调查最多的国家。在世贸组织成员发起的反倾销案件中,约有 1/6 针对我国。欧美国家在外贸问题上对中国施压，反映的是以美国为首的西方国家实行经济全球化战略所带来的矛盾。从发展趋势看，随着我国外贸出口规模的不断扩大，会不断遭到国外许多部门（特别是工业部门）的抵制，中国的外贸出口形势日益严峻，外贸出口遭受的贸易摩擦和贸易壁垒也会有增无减。而且，我国面临的国际贸易摩擦，在表现形式上除了传统贸易（如服装、纺织品出、钢铁行业）之外，还会朝着环境保护、劳工标准、知识产权保护、技术要求等领域发展。

在国际贸易受挫或者风险很大的情况下，我国的经济增长和就业就会受到较大影响。因此，现实要求我们必须把目光重新拉回到国内，充分发挥国内市场的作用，充分利用好两个市场、两个资源。只有这样，才能最大限度地消除世界经济波动对我国经济发展的影响，从而顺利实现 2020 年的经济发展目标。正是在这种国际背景之下，党中央提出了建设社会主义新农村的战略目标，希望通过新农村建设来发展农村经济，提高农民收入，扩大农村剩余劳动力就业，进而扩大内需，弥补因对外贸易出现的问题而导致的需求不足。

要推动社会主义新农村建设，首先必须发展农业生产，提高农业生产力，不断拓宽农产品的市场开拓渠道。而要实现这个目标，除了通过标准化、规模化、专业化道路提高市场竞争力外，还必须完善农民组织，提高农产品的组织能力和谈判能力。我国加入 WTO 后，农民面临的竞争对手，是组织程度很高的大农场主及其组成的合作社联盟，甚至是由农产品出口国组成的国际垄断集团，即使不考虑技术、价格因素，在组织层面上，我国农民不是外国竞争者的对手，明显处于劣势。

当今世界的发达国家，尤其是农业发达国家，尽管农业人口占全国人口的比例很低，但他们绝大多数都是各种各样的农民组织的成员。如在欧洲第一农业大国法国，在 73 万个农场中，绝大多数农场主都参加了产前、产后合作组织，早在 1990 年就已经有

80％的农场参加了合作经济组织。德国几乎所有的农户都是合作经济组织的成员,根据 1993 年的统计,80％的农场主加入了合作经济组织。瑞典有 50％—75％的农民是属于某个经济合作组织的,其中生产牛奶的 99％,肉类的 80％的农民都是农民合作组织成员。荷兰农民的绝大多数至少是三四个合作经济组织的成员。在日本,村村都有农民组织,户户参加农民组织。到 19％年,农协总数达 5985 个。在美国,1989 年有农业供销合作社和有关服务合作社 4799 家,每 6 位农场主中就有 5 位是通过合作经济组织获得必要的生产资料供应、农产品运销加工和其他服务的。

反观我国,作为世界第一人口大国,拥有世界上最多的农民,农村人口在全国人口中的比例仍然高达 70％左右,可是参加各种农民经济组织的农户仅占总数的 3％—5％。[①] 加入 WTO 后,我国的大豆、玉米的部分市场份额不得不出让给美国,优势农产品出口又经常遭到外国的抵制。如山东的大葱等,或遭日本的反倾销,或遭农药、化肥超标等技术壁垒。因此,国家"十一五"规划中的建设社会主义新农村建设的部分中,谈到了要"鼓励和引导农民发展各类专业合作经济组织,提高农业的组织化程度"。另外,随着经济全球化步伐的加快,我国农业产业和农业人口受到强烈冲击,需要国家的社会保障政策予以缓解,从而保持人民的福利和社会稳定。

2001 年我国加入 WTO 后以来,农业和农民受到的冲击已经显现,国家对农业的保护逐渐被限定在有限的非价格保护上,财政支农的方式也发生了重大转变。发达国家纷纷利用"绿箱"政策(农业保险和农民社会保障政策)保护本国的农业产业和农民利益,而我国政府在这方面发挥的作用还不是很大。WTO 协议明确规定,各国政府在财政上可以参与农业保险和农村社会保障

---

① 徐理结:《我国农村合作经济组织的实践与发展研究》,《经济问题探索》2006 年第 1 期。

事业,以支持本国农业的发展。所以,我国可借鉴世界各国的经验,充分利用"绿箱"政策,支持农业发展,保护农民合法利益,使农业产业和农民在经济全球化舞台上逐步扮演主要角色。

2008年从美国次级贷风暴开始,发达资本主义国家的金融机构一片风声鹤唳,股市高台跳水般的下跌,石油和其他大宗商品价格过山车似的暴涨暴跌;被寄予厚望的新兴经济体国家也一改歌舞升平的景象,大批企业的倒闭和外迁,全球经济呈现出难以掩饰的颓势。中国对国际贸易的过分依赖已经严重扭曲了经济发展,这可以从国际贸易在 GDP 中的高比例看出。这种贸易的很大一部分是以低工资组装再出口的形式,虽然趋势是走向纵深的机械制造,但是加工再出口的比例仍然占主导地位。中国出口总量的 54% 都是外来投资者的出口。中国的贸易市场不是多元化的。中国与三大贸易伙伴——美国、日本和欧盟的贸易占据全部贸易的一半。这些主要贸易伙伴的经济情况不仅严重影响他们对中国的贸易,而且影响中国与世界其他地区的贸易。中国需要刺激国内市场来平衡过分膨胀的对外贸易和通过提高人民福利和收入水平刺激内需,而统筹城乡发展也是也解决这一问题的关键。

3. 城乡统筹战略的内涵

众多理论和实践研究表明,城乡矛盾是我国现阶段诸多结构性矛盾中的主要矛盾,扩大内需,农民增收,经济持续增长,保持社会稳定等,说到底都取决于城乡矛盾的化解程度[①]。为此,国家在"科学发展观"的理论中将"城乡统筹"列在"五个统筹"的首要位置。党的十六届三中全会明确提出了"坚持以人为本,树立全面、协调、可持续的发展观,促进经济社会和人的全面发展";强调

---

① 林善炜:《中国经济结构调整战略》,中国社会科学出版社 2003 年版,第 196—213 页。

"按照统筹城乡发展、统筹区域发展、统筹经济社会发展、统筹人与自然和谐发展、统筹国内发展和对外开放的要求",推进改革和发展①。

温家宝总理在 2004 年 2 月 21 日,省部级主要领导干部"树立和落实科学发展观"专题研究班结业式上的讲话中明确指出,坚持城乡协调发展是科学发展观的一项重要内容。统筹城乡经济社会发展,逐步改变城乡二元经济结构,是我们党从全面建设小康社会全局出发做出的重大决策。农业基础薄弱,农村发展滞后,农民收入增长缓慢,已成为我国经济社会发展中亟待解决的突出问题。我们必须统筹城乡发展,站在经济社会发展全局的高度研究和解决"三农"问题,实行以城带乡、以工促农、城乡互动、协调发展②。

统筹城乡,就是改变和摒弃过去重城镇、轻农村,"城乡分治"的传统观念和做法,通过体制改革和政策调整,清除城乡之间的樊篱,破除城乡"二元结构",把城乡作为一个整体,对国民经济发展规划、国民收入分配格局、重大经济政策,实行城乡统一筹划,把解决"三农"问题放在优先位置,更多地关注农村,关心农民,支持农业,实现城乡协调发展。这是党中央在新世纪、新阶段做出的重大战略部署,是我们在"三农"问题认识上的一个深化和飞跃,是我国经济社会发展战略的重大转变,是解决"三农"问题必须长期坚持的重大战略方针。

2006 年我国政府在"十一五"规划中指出,要从我国现代化建设全局的高度出发来促进城乡协调发展,今后工作的重中之重是恰当处理好三农问题,实行城市支持农村、工业扶持农业,促进城乡协调发展,建设好我们社会主义新农村。我国城乡统筹发展

---

① 人民日报,2004 年 3 月 11 日,第 1 版。

② 温家宝:《提高认识统一思想牢固树立和认真落实科学发展观》,新华网,2004 年 3 月 21 日。

内容可以简要概括为城乡产业问题和城乡资源配置问题。作为国民经济重要组成部分的城市经济和农村经济，两者之间是互动的，一方发展出现问题就会阻碍另一方的发展，我们要统筹城乡发展就要处理好城乡产业的配置。人才、资本和技术是创造物质财富的三大要素，追根溯源要缩小城乡差距就必须合理配置这三大要素。

二、财政支出结构及其优化的相关理论

(一)财政支出结构基本理论

1. 财政支出结构的概念

财政支出结构的概念是"在一定的经济体制和财政体制下，财政资金用于各部门、国民经济和社会生活各方面的数量、比例及其相互关系。它是按照不同的要求和分类标准对财政支出进行科学的归纳、综合形成的财政支出类别、构成及其比例关系。"[①]另一种观点认为，"财政支出结构是指国家财政资金的用途、使用方向、比例构成及其相互关系"[②]。概括起来，人们一般把财政支出结构看成是一种构成、比例关系。笔者认为，财政支出结构，是指财政支出各部分之间的组合状态及其数量配比，或者各类支出的组合及各类支出在总支出中所占的比例关系。从表现形态上看，一国在一定时期内的财政支出结构总是体现为各类支出的集合，并呈现出一种数量关系。但如果从整个财政体系的角度入手，财政支出的结构就是某时期政府职能及其政策的体现。因此，研究财政支出结构的涵义，不仅要从数量上把握，还要从以下几个方面来加以了解：

第一，财政支出结构是财政支出质的规定性与量的规定性的

---

① 匡小平、肖建华：《财政学》，清华大学出版社 2008 年版，第 124 页。

② 财政部网站：：www.mof.gov"名词解释"专栏。

统一。所谓质的规定性,是指构成财政支出的各个要素的本身属性,是经济属性与社会属性的综合表现。所谓量的规定性,是指财政支出构成要素在数量上的比例关系。质的规定性决定支出结构的基本特征,而量的规定性则决定支出构成要素间的比例关系。财政资源要配置到哪些方面,各配置多少,受到财政职能状况制约,一定的财政职能状况,决定一定的支出结构。但是量也反作用于质,同时质也要以一定的量作为存在条件,这是事物保持自己质的规定性的数量界限,突破这个界限就会引发事物质变。也就是说,财政支出结构并不是各项支出的简单集合,而是财政职能在量上的体现。

第二,财政支出结构是静态性与动态性的统一。静态性是指"在一定的时间段内,财政支出结构具有相对稳定的特点,但这种稳定状态,并不是发展的停滞,而是各构成要素之间的相互制约力处于平衡状态"。[①] 动态性是指"公共支出结构处于不断的发展变化之中,有时变动缓慢,有时出现突变"。由此可知,财政支出结构的静态性是相对的,动态性是绝对的,由于支出结构内部构成要素的相互作用,使其呈现出不断发展变化的态势。我们研究财政支出结构的内涵,必须从动态着眼,静态着手,在两者统一中来进行把握。

第三,财政支出结构是多样性和多层次性的统一。从横向看,财政支出结构的各构成要素具有并列关系,例如财政支出是由国防支出、行政管理支出、科教文支出、经济建设支出等要素组成,每种支出要素相对于其他要素而言,是平等和并列的,也就是财政支出结构具有多样性。从纵向看,支出结构各要素活动范围不同使支出结构的纵向系统呈现出层次性,那么可将支出结构划分为相互关联的若干层次。

---

① 宋文平:《政府公共支出理论与实践》,中国经济出版社 2002 年版,第 155 页。

2.财政支出结构的分类

(1)按照财政支出的具体用途分类,主要有一般公共服务、外交、国防、公共安全、教育、科学技术、文体与传媒、社会保障和就业、社会保险基金支出、医疗卫生、环保、农林水事务、交通运输、工商业金融事务、转移性支出等17类,这种分类方法是现在我国编制、执行财政预算、进行预算拨款采用的分类方法。

(2)按照政府职能分类,国际上主要分为四类,为一般政府服务、公共和社会服务、经济服务和其他服务。我国现行的分类主要为五类,分别为经济建设支出、社会文教支出、国防支出、行政管理支出和其他支出。由于财政支出是为了实现国家职能而安排的,因此,此种分类是比较常用和重要的分类方法。这种分类法能较明确、具体地体现财政支出在各项职能或事业间的分配格局和各项职能的实现程度,并反映各项财政职能在不同时期的变动情况,所以这种方法研究财政支出结构可以反映一国在某一时期的工作重点。

(3)按照财政支出的经济性质分类,把支出是否与商品和服务相交换作为标准,将财政支出分为购买性支出和转移性支出。购买性支出具体体现为政府购买商品和服务的活动,包括购买为进行日常政务活动所需要的或用于国家投资所需要的商品和服务的支出,如政府各部门的事业费等。转移性支出具体体现为资金无偿的、单方面的转移,政府不能从中获得相应的物品和服务。这类支出主要有社会保障支出、补助支出、捐赠支出和债务利息支出等。

(二)财政支出结构优化的内涵

1.财政支出结构优化的内涵

财政支出结构是公共支出总额中各类支出所占的比重,财政支出结构表明了公共支出的基本内容以及各类财政支出相对重要程度,是政府职能在量上的体现。政府职能决定财政支出结构,同时公共财政支出结构影响着政府活动的效力,反映一个时期的政策倾向和变化。科学合理的财政支出结构政策成为国家调节经济与社会发展和优化经济结构的强大杠杆,而不合理的财政支出结构会阻碍经济、社会的协调发展,所以,就涉及到财政支出结构优化的问题。

(1)财政支出结构优化的原则

从公共资源配置和政府职能范围的角度分析,财政支出结构优化的本质,就是在一定时期内,在财政支出总规模占国民生产总值比重合理的前提下,为了满足实现政府特定的政策目标,财政支出各构成要素占财政支出总量的比例合理且各构成要素之间关系相互和谐的状态。财政支出结构的优化,实质上是合理配置公共资源以满足各种不同的社会公共需要。由于社会公共需要的多样性和多层次性,决定了为满足社会共同需要所需财政配置资源活动的多样性和多层次性,从而使财政支出结构也呈现多样性特征。财政支出结构的调整和优化必须与政治经济发展的情况和政府经济目标相适应。在目前阶段,我国财政支出结构的优化应坚持几个原则。

①适应性原则。适应性原则是指财政支出结构与可支配财力、支出目的、财政体制、经济发展阶段等的适应程度,主要包含有几个方面。

第一,财政支出结构的调整要与政府可支配财力相适应。目前,我国正处在转轨时期,市场机制还不完善,还有很多需要政府调控的方面。但政府所掌握的财力是有限的,特别是目前财政收入占国民生产总值的比例较小,财力不足,因而公共财政支出结构的调整要与一国政府的财力水平相适应,凡是能由市场调节的事务,应由市场尽其所能地发挥市场机制的作用。财政支出重点要保证国家机器的运转、基础教育、基础设施等。

第二,财政支出结构必须与支出目的相适应,不能偏离政府的财政支出目的。总体上财政支出是为了满足不同种类、不同层次的社会公共需要。然而,由于一定时期的社会经济体制和其他条件的变化,使得财政支出在满足整个社会公共需要时有所侧重,这就要求财政支出结构的构成要素及其相互关系必须反映支出目的的变化发展方向。

第三,财政支出结构必须与财政体制相适应。财政体制通过其自身的作用机制,能够推动或延缓支出结构的转换。因此,与财政体制相适应的支出结构,能够获得财政体制的有力推动而完成自身的转化;与财政体制不相适应的支出结构,由于其与财政体制之间存在的经常性摩擦,会削弱结构自身演进的能力,使结构发展与经济的发展出现停滞,或加剧二者之间的不协调。

第四,财政支出结构必须与经济发展阶段相适应,不能超越或滞后于经济发展阶段。支出结构的转换是与经济增长紧密联系的,经济增长发展到一定阶段,就必然会出现相应的支出结构,而支出结构的进一步转换,则能够推进经济增长上升到一个新的阶段。因此,所谓支出结构必须与特定的经济发展阶段相适应,就是要在一定的经济发展阶段上实现支出结构一定程度的转化,使支出结构表现出该发展阶段的主导特征。

②协调性原则。协调性是指支出结构内部各组成要素之间的相互适度性,即指各个要素的动态平衡。理解这一原则应注意两点:一是支出结构的协调是动态的协调,是各个要素在其相对独立又相互联系的运动中,不断打破原有平衡,又不断实现新的更高层次的平衡这样一个过程。二是支出结构的协调主要指结构内部各个要素的相互适应。这种意义上的平衡,并不意味着各个要素不分主次的平均发展,而是有所侧重的平衡发展。构成支出结构的要素,在不同的条件下,因其在支出结构中的地位不同,因而有着明确的主与次、重点与非重点的区分。协调不是要取消这种差别,而是要在承认这种差别的基础上实现要素之间相互促

进的发展。

③效益性原则。效益性原则是指支出结构的变动应该使为支持结构的"所费"与结构发展带来的"所得"之间具有低投入、高产出的特征。换言之,效益性原则表明,优化的、合理的支出结构应当是具有高效益的结构。从根本上说,支出结构的转换过程应该是不断提高结构效益的过程,这其中要注意两个问题。

第一,由于政府分配活动涉及经济和社会等领域,从而使支出结构效益不仅指经济效益,而且包涵社会效益、生态环境效益。因而对支出结构效益的考察,要全面,要同时关注这几种效益。

第二,由于社会共同需要是多方面的,财政支出效益也要从多方面表现出来,即以政治、经济、文化、科学、社会的等多种形式表现出来。表现形式的多样性,说明了支出结构效益之间缺乏统一性,即性质不同的效益不能直接相加。这就决定了公共财政支出结构效益的衡量,只能以指标体系,而不是任何一个单一指标。从指标上看,支出结构效益的高低并非都能直接以量化的指标来表现,尤其是对社会效益和生态环境效益,就更难以直接量化。因此,支出结构效益,从概念上可以将其理解为投入与产出的比较,但在具体衡量结构效益时,对难以量化的效益状态,应采取间接的、相对的表示方法。

④渐进性原则。渐进性原则是指公共财政支出结构的优化要循序渐进。

目前的财政支出结构是长期计划经济所积累的,尽管经过了30多年的改革,但是一些旧的不合理的体制仍未完全打破,社会主义市场经济还不完善,政府职能还未根本改变。因而财政支出结构的优化必须以政府职能转变为依据,循序渐进的进行,该退出的要逐步退出,该加强的要逐步加强。

总之,从理论上讲,财政支出结构的优化应该符合适应性、协调性、效益性和渐进性四项原则。而社会共同需要的多样性和多层次性,决定了财政支出内容的多样性和多层次性,这使得在考察财政支出结构优化合理与否时具有多视角的特点。因此,适应性、协调性、效益性和渐进性,只是优化财政支出结构所应遵循的一般原则和基本要求。

2. 财政支出结构演进的规律

不同经济发展阶段政府提供的公共产品结构不断变化,引起财政支出结构的变化,这表明财政支出结构与经济发展阶段存在密切的对应关系。对于这种不同经济发展阶段公共财政支出结构变化的一般规律在马斯格雷夫的经济发展阶段增长论中有明显的体现。

马斯格雷夫把整个财政支出划分为军用支出和民用支出,而民用支出按其经济性质又进一步划分为公共积累支出、公共消费支出和转移支出;同时把经济发展划分为三个阶段:初期阶段、中期阶段和成熟阶段。在经济发展的初期,公共积累支出应占较高的比重。交通、通讯、水利等基础设施具有极大的外部性,但由于其往往投入资本大、周期长、收益小,私人部门不愿或不能投资,而这些基础设施的建设不仅影响整个国民经济的发展,也影响着私人部门生产性投资的效益。因此,政府必须加大对基础设施的投资力度,为经济的发展创造良好的投资环境,克服可能出现的基础设施"瓶颈"效应。此外,在经济发展的早期,由于私人资本积累是有限的,也要求政府提供一些具有内在效益的资本品,所以这一阶段公共资本的作用很大。

在经济发展的中期,私人部门的资本积累已较为雄厚,各项基础设施建设也已基本完成,政府投资只是私人投资的补充。因此,公共积累支出的增长率会暂时放慢,在社会总积累支出中的比重也会有所下降。当经济进入成熟期,政府投资的增长率又有可能回升。这是因为随着人均收入进一步增长,人们对生活的质量提出了更高的要求,需要更新基础设施。因此,这一阶段对私人消费品的补偿性投资将处于显著地位,从而使公共积累支出又出现较高的增长率。公共消费支出增长率取决于人们对公共消费品需求的收入弹性,从整个经济发展阶段来讲,这一弹性一般大于1。

在经济发展的早期阶段,人们主要是满足基本需要,如衣食等的消费,因而对公共消费支出要求不高,随着人均收入的增加,基本需要支出的比例将减少,对提高生活层次的消费支出将增加,资源被更多地满足第二需要,如教育、卫生、安全等需要公共产品作补充的私人消费支出,特别是成人玩具的出现(如私人拥有的飞机、汽车、摩托艇等耐用娱乐奢侈品),不仅需要政府提供各种公共设施与之相配套,而且政府的各种管理费也会增加。

此外,随着人们对生活环境质量要求的提高,政府的有关管理机构(如治安、环保等)不断膨胀,这些都将导致公共消费支出比重的不断提高。至于转移支出占 GNP 比重的变化,马斯格雷夫认为取决于经济发展各阶段政府的再分配目标。如果政府旨在减少收入分配中的不公平,那么,随着人均收入的增加,转移支出的绝对额会上升,但其占 GNP 的比例不会有多大变化。如果政府的目标是确保人们的最低生活水平,转移支出占 GNP 的比例会随着 GNP 的增长而降低。但罗斯托认为一旦经济发展进入成熟期,公共财政支出的主要目标将会由提供社会基础设施转向提供教育、卫生和福利等方面的服务。此时,用于社会保障和收入再分配方面的转移支出规模将会超过其他公共财政支出,而且占 GNP 的比重会有较大幅度的提高。将以上两方面的分析归纳起来,我们可以得出与经济发展阶段相联系的财政支出结构的演变规律:

第一,从长期来看,经济性支出比重的演进趋势是逐渐下降,在经济性支出内部,基础设施建设投资比重演变趋势是由高到低再到高;

第二,随着经济发展水平不断提高,社会服务性支出比重将逐渐上升;

第三,维持性支出由于其必需品的性质所决定,在长期中比重趋于下降。

(三)优化财政支出结构的理论根据

1939年卡尔多在他发表的《经济学福利命题与个人之间的效用比较》论文中提出了"虚拟的补偿原则"作为其检验社会福利的标准。他认为,市场价格总是在不断变化着的,因而会永不停息的对人们的福利状况造成影响,有可能使一部分人受损,也有可能使一部分人受益,如果从总体上来看受益大于受损,这就表明总的社会福利增加了,反之总的社会福利减少。

希克斯对卡尔多的社会福利标准作了进一步的补充,他认为,如果政府的某一经济政策从一个长期的视角来看能够提高全社会的生产效率,那么尽管这项政策短时间内会令某些人经济或政治利益受损,但是经过一段时期以后,所有的人的境况都会由于社会生产率的提高而"自然而然地"获得补偿。那么这种经济政策就可取的。

根据卡尔多和希克斯的补偿原则理论,财政收支活动的最终目标,就在于直接或间接地产生最大可能的总社会福利,而这种理想结果产生的路径不一定仅仅依靠财政支出规模的扩大,通过对社会成员之间的利益进行局部调整,即优化财政支出结构,也可以实现。而社会成员之间利益调整的最终目的就是提高财政支出的经济效率。

市场经济是以提高资源的配置效率为首要目标的经济制度。市场经济条件下的财政支出结构也应该以效率原则为基础,缺乏效率的财政支出将阻碍财政政策宏观调控效果,以及国家政策目标的实现。效率的经济学定义,指的是投入与产出之间或成本与收益之间的比例关系,或者说是既定生产资源与其所提供的人类满足之间的对比关系。当我们说某一经济单位是有效率的,其含义就是这一经济单位用一定的技术和资源为人类提供了最大可能的满足。因而,提高财政支出的效率,关键在于提高财政支出的"收益/成本"比例,把既定资金投入到最能创造价值的用途上。这就涉及到财政支出各构成要素之间的资金分配问题,涉及到了财政支出的具体结构。因而,对财政支出结构的优化是改进财政支出效率的一种重要方式。

一般来说,当财政支出参与经济活动并使整个社会经济体系实现帕累托最优时,财政支出才是有效率的,否则就是低效或无效的,在忽略其他制约因素的条件下,财政支出达到帕累托最优时,其支出结构也应该达到帕累托最优。反过来说,当财政支出结构达到帕累托最优时,财政支出才是有效率的,否则就是低效或无效的,存在着帕累托改进的空间。财政支出效率原则是对财政支出结构进行优化的理论根据。有效率是财政支出结构本质的要求。因为失去了效率,也就失去了财政支出活动存在的物质基础。

三、城乡统筹视角下财政支出结构的优化方向

在市场经济条件下,财政的主要职能可以界定为三个方面:(1)资源配置职能。财政通过自身的收支活动为政府提供物力和财力,弥补市场的缺陷,引导社会资源的流向,最终达到整个社会资源配置的最优状态。(2)收入分配职能。财政通过自身的收支活动进行全社会范围的再分配,来实现整个社会分配的相对公平。(3)经济稳定和发展职能。由于市场在自发运行中必然产生经济周期问题,政府必须推行宏观经济政策,以实现宏观经济相对稳定的发展。在我国市场经济条件下,财政的职能决定财政支出与统筹城乡发展必然存在非常密切的关系。根据科学发展观的要求,当前我国各级财政面临的一项迫切任务就是更新理财观

念,完善财政管理方式与手段,加大统筹城乡协调发展措施的力度。财政和城乡发展相互制约、相互推动的关系。因为统筹城乡发展必须依靠财政的支持,城乡协调发展也会促进财政的更加强大和稳定。目前我国正处在经济转型期,转型时期的政府要比市场担负起更多的职责,与之相适应,政府的财政支出政策必然要做出调整,以促进经济的快速发展。

财政支出结构是财政支出中的核心内容,它关系到支出目标的实现、支出原则的贯彻等问题。由于社会经济条件的不同,在不同的国家,一个国家在不同的发展阶段,由于其所要实现的战略目标的不同,它要求的财政支出的结构和重点就不同。我国目前的财政支出结构是在计划经济的基础上演变而来的,基本上还保留着"城市偏向"模式的特征。这一结构曾发挥了积极的作用,推动了各项事业的发展,但与目前市场经济下的城乡协调发展之间还存在着诸多的不协调。主要体现在:一是财政支出总量不足,难以满足现阶段经济和社会发展的需求,在一定程度上影响和制约着政府职能的正常履行,二是财政支出结构也不尽合理,存在着结构失衡的问题。因此,如何高效、合理地运用财政支出来完善政府公共服务,是一个急需解决的问题。我国政府应根据财政支出结构的变化规律积极主动地消除财政支出中的不合理因素,从而使得财政支出结构朝着理性的方向发展。

从当前以及今后一段时期来看,为了促进城乡统筹协调发展,笔者认为应从以下几个方面来进行财政支出结构的优化。

(一)财政支出要为城乡发展提供均等化公共产品

公共产品在一个国家发展中占据十分重要的地位。随着一个国家社会发展阶段不断上升,公共产品的社会边际福利递增,而私人产品的社会边际福利递减,人们对公共产品的需求会越来越多。当前城乡公共产品供给不但在总体上不能满足我国城乡经济发展的需要,而且在结构上也不合理。较长时期以来,事实上在公共产品投入方面我国实行城乡差异化的政策,带有典型的城乡二元特征。例如,城乡居民同为我国公民,我国法律也明确规定政府必须向全体国民提供同等的公共产品,但现实中城乡居民的待遇迥然不同。城市居民享受着比较发达的交通、较完善的社会保障、优良的基础教育、整洁的城市环境、完善的医疗卫生等公共设施和服务,而农村的医疗卫生、基础设施及义务教育等基础性公共产品的供给,不仅在数量方面或者在质量方面都远不如城市,而且在这种不公平的待遇下,农民要享用这些基础性公共产品,通常还需付出更高的成本,具体体现在城市公共物品大都是由国家提供的,而农村公共产品基本上是农村居民自筹资金或投入劳动等方式来给予解决的,国家财政投入不足或者没有投入。总之,目前城乡公共产品供给是非均等化的。为了实现基本公共产品均等化,促进城乡经济协调健康发展,笔者认为目前应从以下几个方面加以解决:

1.加大向农业基础设施的投入力度,确保财政投入稳定增长

第一,促进各级财政加大对农业和农村的投入,要重点向"三农"倾斜的政策;各级财政每年要从新增财力中,拿出一定份额用于农业。第二,大力引导广大农民和农村集体经济组织增加农业投入。此外支持社会团体、企事业单位、个人投资农业等。第三,改善农业投入管理体制,提高财政投入效率。第四,调整支农支出结构。今后一段时期内,财政投资重点应该转向农村基础设施方面。

2.加大农村义务教育和公共卫生投入力度

第一,加大财政预算内教育经费对农村基础教育的投入,特别是对农村普通中小学教育经费的投入。第二,各种办学经费多投向农村。第三,提高财政对农村公共卫生的投入,尤其是对农村基层公共卫生保健服务经费的投入。第四,针对目前"新农合"存在

的缺陷,加大财政支持力度和提高农村居民的参与性。

3. 健全完善农村社保体系

第一,加大对农村社会保障的投入,建立健全农村社保项目。第二,努力解决失地农民的社保问题。第三,逐步建立农村养老保险和最低生活保障制度。

(二)财政支出要促进农民增收,缩小城乡居民收入差距

针对我国城乡差距的现状,促进农民增收,缩小城乡居民收入差距就是统筹城乡发展的一项重要任务。可以说,促进农民增收不但关系到城乡协调发展和全面建设小康社会的实现,而且又是国家财税政策安排中不可回避的现实问题。我国农民收入增长过缓的原因分析。(1)农业基础设施薄弱,很难支持农民增收。(2)农业科技发展滞后,农产品缺乏市场竞争力。(3)农民组织化程度低,小生产与大市场的矛盾比较突出。

笔者认为缩小城乡差距,增加农民收入,财政必须发挥积极的作用。

1. 完善农村公共产品供给机制

从公共经济学角度来分析,目前农村公共产品缺失是导致农民增收难的主因之一。较长时期城乡非均等化公共产品供给机制,导致农村基础性公共产品短缺,为农民增收造成了很大障碍。因此,财政必须调整资源配置格局,逐步提供城乡均等化公共产品,为农民增收构建良好的外部条件。但目前我国的经济实力所限,城乡公共产品供给均等化的目标必须有一个过程,要分步实施、分主体来实现。

2. 调整财政支出结构,提高农民直接受益的资金投入比重

继续加大对农业基本建设投资。重点投向农业建设,保证农业投资有正常稳定的来源。改革直接补贴制度,减少在流通环节对农产品的补贴,例如农产品出口补贴等,把节省下来的资金投入到生产环节,改善农业生产条件,以此来增强农业发展后劲。

此外,在主要产粮区可考虑建立对农民使用先进技术的直接补贴制度。

3. 重视农业科技投入,促进农民增收

一般情况下,大宗农产品的供需弹性不大,我国农产品生产波动通常小于它的市场波动,即农产品价格变化幅度通常大于产量变化的幅度。新技术可以减低成本,提高农业产量和促进农民收入,故加大农业科技投入进而推动农业科技革命,为农民增收创造条件。

(三)财政支出应促进粮农增收,保证粮食安全

2008 年的全球金融风暴重创世界经济,使得出口、投资面临更多困难。在这样的现实背景下,发展农业、振兴农村再次成为解决各项重大问题的突破口之一。我们知道,农业在比较优势规律的作用下始终处于比较劣势,几千年来我国农业一直独立存在的"自给自足"的小农经济结构,随着工业化的提高又加剧了这种比较劣势,固化的"城乡二元结构"和长期实行优先发展工业和城市的战略,几乎掏空了农业剩余,农业和非农产业的差距不断扩大,"三农"问题成为我国经济社会发展最大的变数。

笔者认为"三农"问题中,最核心、最关键的问题是粮农增收和粮食安全问题。之所以把粮食安全和粮农增收也看成是最核心的问题,这是因为我国特有的人口众多,耕地资源相对稀缺的国情所决定的。一方面,随着城市化、工业化的发展必然占用大量耕地资源,而耕地的减少在一般情况下就意味着粮食产量的下降;另一方面,由于种粮比较利益低而使农民缺乏种粮的积极性。由此必然导致农民增收困难和粮食安全问题。由此可见,粮食问题与农民利益联系紧密,粮食安全和粮农增收问题又关系到社会稳定和经济可持续发展。从国家安全角度看,粮食既涉及十几亿人的"吃饭"问题,也与我国稀缺的耕地、淡水、人口和环境问题交织在一起,又涉及世界政治经济格局的演变,牵动着国际关系和和平崛起环境的敏感神经,因此,粮食安全具有明显的国家公共性。从粮农增收角度看,粮食不仅直接关系到国家安全大局,而且直接关系到农村经济体制改革和国家有关农村社会经济发展方略的实施效果与成败,更关系到社会公正。因此,粮食安全保障和促进种粮农民增收需要政府的强力推动。笔者认为政府要通过有效率的制度安排,加大财政干预力度才能实现粮食安全和粮农增收两大目标,其中财政是关键手段,提供有效农村公共产品是保障。笔者认为应从两个方面入手:一是在市场失灵的领域,直接进行政府支持;二是通过有效率的制度安排,加大政府干预力度,来实现国家粮食安全和种粮农民增收这两大宏观政策目标。

第二章 我国财政支出结构的二元性 与城乡发展失衡

我国二元经济结构的产生,是社会生产力发展的结果,同时二元经济的长期存在又是社会生产力比较落后的体现。由于受"工业偏好"思想认识的支配,新中国对工业和农业、城市和乡村、城市居民和农民实行不同的资源倾斜政策。我国这种资源配置在工业和农业之间的严重不均衡,对农业投资不足,支农支出比重下降,导致农业发展长期落后。同时,公共产品供给的城市化倾向导致了农村公共产品的不足和滞后。自20世纪80年代以来,随着人民公社制度的解体,我国农村公共产品供给主体缺失,虽然之后经济快速发展,但是并没有建立相应的公共产品的正常提供机制。纯公共产品主要由中央政府提供,由于农村的边缘性、公共产品受益的区域性及生产的分散性,中央政府提供的纯公共产品和服务对农村发展的直接效用不大,作为准公共产品提供主体的地方政府也并没有承担起农村公共产品的供给责任,而是将供给责任层层下推,因此大部分准公共产品或者不能有效提供或者最后由农民自己负担。例如义务教育、公共卫生医疗、养老社会保障、农田水利设施建设等基本上实行的是农村地区"自给自足"的政策。而城市公共产品由中央和各级地方政府提供。这种状况一直持续到2010年左右才开始有所改观。

一、我国城乡差别化财政支出的现实表现

（一）财政在城乡经济发展中的差别化支出，造成城乡居民收入的断裂

王敏（2007）利用我国1981—2005年财政对农业的资及农民纯收入数据进行实证分析，研究发现：财政对农业的投入对农民纯收入的增长具有显著的促进作用，且二者间存在一个长期稳定的均衡关系。财政支农的基本目标是增加农民的收入，但目前财政对农村的投入还远低于对城市的投入，这直接影响了农民收入的稳定增长，具体表现在以下方面：（1）财政用于农业的投入严重不足，无法满足农业的发展需要。自20世纪90年代以来，支农支出的绝对量在1990年是307.84亿元，2008年该项数量增加到了5955.55亿元。当然，尽管绝对量在不断增长，但其所占财政总支出的比例却一直徘徊于一个较低水平，大体上呈下降趋势，由1978年的13.4％下降到2008年的9.5％，如图1所示。平均数值从1978年到2008年也一直维持在8.96％的水平。由此可见，我国用于支农的财政支出占财政总支出的比重不仅低于我国农业GDP占全国GDP的比例，而且与2008年新《农业法》的相关规定也不相符。（2）财政支农资金的管理体制还存在缺陷和不足，影响了支农资金的使用效率。这种不足主要体现在财政支农资金投入的内部结构不合理方面。同时，由于缺乏对支农资金使用的有效监管以及对资金使用效果的评估，致使大量资金被地方政府随意扣留或者挪用，降低了该资金应有作用的有效发挥。从目前我国的农村发展来看，尤其是以农业收入为主要收入来源的地方，政府支农投入的不足，将直接或间接降低农业收入的增长，使得农业收入对农民收入增长的带动作用无法很好地显现。这也造成我国农业收入对农民收入增长的贡献率在数年中一直保持在一个较低水平，并在一定程度上助推了城乡收入差距的不断拉大。

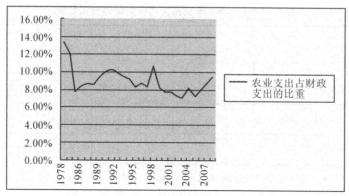

图 1　1978 年以来国家财政支农支出趋势

资料来源：《2009 年中农村统计年鉴》。

（二）财政在城乡社会保障上的差别化支出，使得社会保障产生断裂

从法理意义来讲，社会保障是最基本的一项公共服务，每位城乡居民都应该拥有平等享受的权利。但我国政府目前将更多的社会保障资金了城市，造成农村投入量的严重不足，使得城乡社会保障产生断裂。尽管我国城市在财政的大力扶持下，已经建立起了覆盖面较广的社保体系，如养老保险金制度，但农村却由于投入的不足，造成还有相当数量的人未纳入到保障范围里。即使有，也因标准太低而难以充分发挥社会保障的作用。1990—2003 年，农村社会保障支出占 GDP 比重每年基本在 0.1％左右，相比之下城市社会保障支出占 GDP 的比重却一直稳定在 7.3％的水平上[①]。城市人均享受的社会保障费约是农村人均的 100 倍之多（见表 1），两者差距已超过世界上任何一个国家。依据劳动和社会保障事业发展公报的数据显示，中国农村养老保险的覆盖率在 1999—2007 年间一直徘徊在较低水平，平均约为 7.53％。

---

①　王国军：《社会保障：从二元到三元——中国城乡社会保障制度的比较与统筹》，对外经济贸易大学出版社，2005 年，第 26—33 页。

表 1　1991—2003 年我国人均社会保障支出状况

项目 \ 年份	1991	1992	1993	1994	1995	1996	1997	1998	1999—2003
全国人均社会保障支出	150	178	226	275	334	385	429	452	623
城市人均社会保障支出	554	634	791	946	1131	1289	1410	1462	1843
农村人均社会保障支出	5.1	4.7	4.9	5.7	7.4	9.5	9.8	11.2	14.3

　　资料来源:王国军:《社会保障:从二元到三元——中国城乡社会保障制度的比较与统筹》,对外经济贸易大学出版社 2005 年版,第 26—33 页。

(三)财政在城乡医疗上的差别化支出,造成城乡居民医疗服务水平的断裂

　　医疗是保障居民身体素质的重要条件。在公共卫生医疗上我国的财政投入长期倾斜城镇,农村投入非常不足,导致城乡居民医疗服务水平的巨大差距。在城乡卫生支出费用上,如表 2 所示,我国卫生费用占同期财政支出的比重呈现不稳定的趋势,最为突出的问题则在于公共卫生资源配置的城乡差距,以人均卫生事业费来看,城市一直是农村的 3—5 倍之间,反映出城市主导型财政制度下,财政卫生投入的城市偏向并未得到根本改观。医疗条件而言,据 2007 年统计显示,城市每千人平均拥有 2.63 张病床,而农村拥有不到一张;城市每千人拥有 5.35 名以上卫生人员,农村仅拥有 1.06 名;另外,相比农村地区卫生院人员的职业技术水平,城市的普遍要高些。伴随着公共卫生供给的不足以及医疗价格的大幅攀升,农村因病返贫、因病致贫的现象也层出不穷。

表 2　城市与农村人均卫生费用状况　　　　　(单位:元)

年份	城市人均卫生费用	农村个人卫生费用	城市个人卫生费用与农村人均费用之比
1990	158.8	38.8	4.092783505
1991	187.6	45.1	4.159645233

续表 2

年份	城市人均卫生费用	农村个人卫生费用	城市个人卫生费用与农村人均费用之比
1992	222	54.7	4.058500914
1993	268.6	67.6	3.973372781
1994	332.6	86.3	3.853997683
1995	401.3	112.9	3.554472985
1996	467.4	150.7	3.101526211
1997	537.8	177.9	3.023046655
1998	625.9	194.6	3.216341213
1999	702	203.2	3.454724409
2000	813.74	214.65	3.791008619
2001	841.2	244.77	3.436695673
2002	987.07	259.33	3.806231443
2003	1108.91	274.67	4.037244694
2004	1261.93	301.61	4.183979311
2005	1126.36	315.83	3.566348985
2006	1248.3	361.89	3.449390699
2007	1480.08	348.45	4.247610848

资料来源:《2009 年中国卫生统计年鉴》第 81 页。

(四)财政在城乡教育上的差别支出,使得城乡居民文化素质产生断裂

目前,我国经过大量的财政投入,已在城市建立起了设施较为齐全、功能较为完备的教育体系。相比而言,我国在农村的教育投入还远远不能满足当地教育的发展需要。据调查数据显示:2005 年,我国农村劳动力,拥有初中以下(含初中)文化水平的人口占农村劳动力总人口比例在 80% 以上。可以看出,农村居民

接受教育的质量及年限都低于城市居民,农村劳动力文化素质仍然普遍偏低,这与我国的和谐发展观的实现是不相协调的。

城乡义务教育的教育经费投资不协调。从财政资源配置的结构来看,体现出高等教育投入高于义务教育,而义务教育经费支出中城市高于农村的总体特征,这两方面都呈现出城市相对于农村的优势地位。以 2007 年为例(参见表3),农村初中、小学在生均教育经费各项指标都在较大程度上低于全国平均水平,而预算内教育经费支出也无力改变这一局面。更为突出的问题是,农村义务教育生均教育经费、生均预算内教育经费与高等教育生均经费、预算内经费相比差距悬殊,与一般国际标准相比也处于极不合理的状况。在我国对教育财政投入总量不足的情况下,城市偏向于高教偏向的投入结构制约了农村发展。

表3　2007 年生均教育经费与预算内教育经费对比　（单位：元）

项目 类别	生均教育经费支出				生均预算内教育经费支出			
	小计	个人 部分	公用 部分	基建 支出	小计	个人 部分	公用 部分	基建 支出
高等教育	14580	5794.5	6726.1	2059.7	6036	3190.8	2356	489.16
全国初中	2669.5	1760.9	782.72	125.87	1962.9	1518..2	378.42	66.37
农村初中	2190.3	1509.6	600.65	80.08	1763.8	1371.2	346.04	46.52
全国小学	2121.7	1560.5	498.83	62.4	1671	1362.2	270.88	37.99
农村小学	1846.7	1402.2	400.93	43.54	1531.2	1257	248.53	25.72

资料来源:《中国教育经费统计年鉴 2007》。

二、二元的财政支出结构对城乡发展失衡的影响

(一)财政支出结构对城乡收入差距的影响路径——一种理论假定

有关财政职能的论述,国内外早期的经济学家们很少有认识

到调节收入分配是财政的重要职能之一，但约翰·穆勒认识到实行国家救济好于私人救济，已经论及了政府调节收入分配差距的问题。而当代财政学者们则能明确认识到调节收入分配是财政的重要职能，比如，理查德·A.马斯格雷夫和佩吉·B.马斯格雷夫就把分配职能视为财政的三大职能之一，他们讲的分配职能主要是调节收入分配差距。我国在改革开放前的计划经济体制下，尽管二职能说把分配职能视为其中之一，但这种分配职能重点不在于居民收入再分配，而在于宏观的国民收入分配。

我国的分配问题不是贫富悬殊的分配不公问题，而贫富差距过小、大体趋于一致的平均主义问题。我国不是通过财政在社会范围内对收入财富的大规模再分配，而是通过否定私有制和按劳分配等办法，来解决社会公平问题。改革开放后以市场为取向的经济体制改革必然否定我国分配制度上的平均主义，而按劳分配原则的实行必定会出现劳动能力的不同导致收入出现差异的结果，按生产要素分配则更加促使个人之间出现贫富差异，这就是初次分配必然导致收入分配不公，这种收入分配不公是市场的缺陷之一。尽管私人个人或私人的公共活动如集体或社会团体能够在一定范围和程度上补正，但私人个人或私人组成的社会团体没有手段和权力去代表整个社会进行再分配，自愿性的捐献和慈善活动无法保证应有的再分配数额和规模，私人性质的调节还可能出现自己不捐献而希望他人捐献的"囚徒困境"。因此，市场导致分配不公必然要求政府通过财政来克服这种缺陷，从而调节收入分配差距自然成为财政的重要职能之一。也正因为这样，改革开放以来的财政职能学说，无论是三职能说、四职能说、五职能说，还是六职能说，都会强调调节收入分配是财政的职能之一。

1.基本建设支出支出对城乡收入差距的影响

基本建设支出是指政府预算安排的属于基本建设范围内的基本建设有偿使用支出、基建拨款支出、资本金支出以及经国家批准对专项和政策性基建投资贷款,在部门的基建投资额中统筹支付的贴息支出。这里所说的财政基建投资即预算内基本建设投资是指国家预算内的全部基本建设支出,既包括复式预算中建设性预算的生产性基本建设支出,也包括经常性预算的非生产性基本建设支出。根据投资项目的效益、市场需求和投资活动的性质,可分为公益性项目、基础性项目和竞争性项目三大类。基本建设是国民经济运行的重要环节,是扩大社会生产规模、推进技术进步、增强综合国力的重要手段。从历年国家财政对基本建设支出安排的情况看,基本建设支出在国民经济运行体系中承担着国家财政支持经济建设发展的重要任务。据统计,1950—2004年,国家财政支出中的基本建设支出累计达到 34116.45 亿元。用这些资金建成的各项大中型基建项目近 7000 多个,为我国国民经济和社会事业发展奠定了基础。所以有利于城乡收入差距的缩小。

2. 行政管理支出对城乡收入差距的影响

过高的行政投入,为腐败提供了温床。政府官员以各种名义动用公费非常普遍,如公款吃喝,公费出国旅游,公车使用,新兴的出国培训等,一方面使得他们灰色收入大大增加,为腐败提供很好经济条件;另一方面,挤占了大量可用于解决最基本民生的经费,如农村基础教育、医疗卫生等方面的资金投入被挤占,这使得很多基本民生问题被拖延,得不到应有提高。这必然会导致政府官员阶层与普通民众的贫富差距扩大,但由于我国财产收入的申报制的不完善,使的部分收入不能透明化,官员阶层更为严重,所以在统计上很难得到相关数据,在本文实证研究中行政管理支出对城乡收入差距影响不明显。

3. 科教文卫支出对城乡收入差距的影响

公共产品是相对于私人产品而言,其中纯公共产品是指具有效用的不可分割性、消费的非竞争性和受益的非排他性的产品。它的特点是:效益上的外溢性,即不仅社会受益,而且个人也受益;消费上或多或少存在排它性,即在一定条件下的居民或企业受益;消费上或多或少存在部分性,即不完全具有非竞争性,随着供给范围的扩大,其成本会有一定程度增加。我国在重工轻农政策和城乡的二元经济结构下,形成了城乡分割的公共产品供给体制。在公共产品的供给上,城镇的公共产品主要由政府提供,相应资金由财政预算安排;农村的公共产品则主要由农民"自我供给",所需资金主要通过农民缴纳税费和集资的方式解蕊政府提供的公共产品相对较少。

在公共产品的数量和质量上,城镇明显优于农村。这种城乡二元的公共产品供给体制是城乡居民收入差距增大的又一原因。从城乡教育发展上来看,2003 年 2 月 13 日教育部公布的《中国教育与人力资源问题报告》显示,2000 年我国巧岁以上人口中有文盲 8699 之万人,其中农村占了 3/4;城市劳动人口人均受教育年限为 1020 年,而农村是 733 年,二者相差 2.87 年;我国城乡劳动力受教育水平结构也存在较大差距,城市、县镇和农村之间劳动力人口受大专及以上教育的比例是 20∶9∶1;受高中教育的比例为 4∶3∶1;受初中教育的比例为 0.91∶1.01∶1;受小学教育的比例为 0.37∶0.55∶1,可见城镇人力资本积累基本处于中等和高等教育阶段,而农村人力资本积累仅处于普及初中和小学教育阶段[①]。在义务教育方面,城乡学生也享受不同待遇,2000 年小学在校生人均预算内经费,城镇为 658 元,农村仅为 479 元,农村只相当于城镇的 72%。而且农村初中和小学义务教育经费只有 60%—70% 由财政预算内解决,其余 30%—40% 由社会捐资、农民集资解决。

教育与收入分配之间存在必然联系,文化教育愈不普及(从而导致劳动力文化水平愈低),收入分配就愈不公平。J. 贝尔曼的研

---

① 余天心、王石生:《我国城乡二元结构的由来》,《经济参考报》2003 年 6 月 4 日。

究表明:在拉美,没有受过文化教育的人,有 56％的可能性会成为穷人,而受过大学教育的人成为穷人的可能性只有 4％[1]。世界银行的一个研究报告认为,在年龄、工种和其他因素为既定的条件下,受教育程度愈高,他所获得的工资也就越高。该报告还指出,在导致拉美收入分配不公的各个因素中,教育所占的比重高达 25％[2]。而在中国,教育投入对收入的影响也是显而易见的。

教育作为一种投资行为,与收入高度相关,有两个方面的含义。一方面是从结果的角度看,教育能够产生收入,教育层次越高收入越高;另一方面是从起点来看,教育需要大量初始投入,投资越大受教育层次越高,这是一个循环。收入水平决定教育投入的多少,而且,收入水平决定教育需求的弹性,不同的收入水平,教育需求弹性不同。越是低收入阶段、中等收入阶段,教育需求弹性越大,到高收入阶段,需求弹性变小。从投入与产出的角度看,如果因为贫穷,无力进行大量的人力投资,受教育层次低,意味着只能从事低报酬的工作,就会走入“贫者愈穷”的恶性循环,相反,则会进入“富者愈富”的良性循环。显然,城乡劳动力人口素质差异过大,不利于农业劳动生产率提高和农业发展,容易使农民陷入教育水平低—收入水平低—教育水平低—收入低的恶性循环,进而造成城乡居民收入差距的不断扩大。从医疗卫生水平来看,我国的医疗卫生资源 80％集中在城市和大医院,农村医疗卫生条件差、水平低,相应资源严重不足,2000—2003 年,全国卫生总费用筹资总额近 2.2 万亿元,农村仅占其中的 40.81％。2003 年农村人均卫生总费用为 274.7 元,仅相当于全国平均水平的 53.92％,相当于城市平均水平的 24.77％。医疗资源的分配

① Nancy Birdsall and Frederick Jaspersen. Path to Growth: comparing East Asia and Latin America. Inter-American Development Bank,1997(114).

② George Psacharopoulos etal. Poverty and Income distraction in Latin America. World BanK,1997(103).

在城乡居民之间同样存在着极大的差距,据调查,占总人口30％的城市人口享有80％的卫生资源配置,占总人口70％的农村人口仅享有20％的卫生资源配置;87％的农民完全是靠自费医疗。用于农村卫生经费的比例,从1991年的20％降至2000年的10％,其中专项的农村卫生经费只有1.3％,农民人均卫生事业费只有12元,仅为城市的12.8％。乡镇卫生院只有1/3正常运转,2003年每人医生数,农村只有0.68人,仅为城市1.76人的1/3,农村还有10％的村庄没有医疗点,新的农村合作医疗覆盖面仅为9.5％①。

　　在政府对公共卫生的资源支持方面,越是基层的医疗卫生机构获得的资源越少,从需求的角度来看,越是基层的卫生服务需求越为迫切。公共财政在卫生投入方面对城市、东部地区以及富人阶层的倾斜,使得最需要得到帮助的低收入群体反而享受不到财政政策带来的优越性。20世纪80年代以后,医疗卫生体制逐步市场化导向的改革与农村合作医疗的解体,使农民失去了最基本的医疗保障,几乎完全变成了自费医疗。农民住院一次,意味着承担20倍于未住院就医者的经济压力。在贫困山区,由于无力支付医疗费用,农民患病未就诊的比例有72％,应住院未住院的有89％,城市低收入者应住院而未住院的比例达到41％,应就诊而未就诊采取自我医疗的比例,也占47％。城乡居民中低收入者,对医疗费用不堪重负,已成为生活中的后顾之忧,中等收入者"因病转贫"和低收入者"因病家破人亡"的现象很普遍,而高收入者在有能力支付医疗费用的条件下,还挤占了大量的有限财政资源来节约他们的费用,产生逆向再分配的效果,这些使得中低收入者与高收入者的贫富差距会越来越大。

　　4.社会保障支出对城乡收入差距的影响

　　社会保障制众所周知,社会保障包括社会保险、社会救助、优

---

① 王朝才、吴晓娟:《"三农"问题及政府相关政策选择》,《财政研究》2003年第6期。

抚安置和社会福利等内容,政府实施社会保障的主要目的,就是为了减少当时人们所面临的各种风险,这些风险的出现将使人们坠入贫困或加重贫困程度,保障社会最困难群众的最基本生活,以维护社会的稳定。一般情况下,国家为了维护社会公平而将部分财政收入无偿让渡给企业和居民个人,即进行转移支付。社会保障制度作为财政转移支付的一个重要手段,其政策的实施有助于社会公平的实现。但我国社会保障制度自始至终呈现出纯粹的"二元"畸形状态,反而加大城乡之间的收入差距。

建国初期,优先发展工业的非均衡发展战略的采用,使中国经济成"二元"状;户籍制度的严格执行,人口无法流动,人口结构也成"二元"状;由于当时生产力水平极低,按照马斯洛的人类发展需求理论,使人们对生存的考虑优先于社会保障,致使城市居民拥有较高水平的保障,而农民的保障几乎为空白,使城镇早熟的社会保障与农村没有真正意义的社会保障制度并存。

20世纪80年代后,"二元"经济正在逐步弱,户籍制度有所放松,农村大量的剩余劳动力开始涌向城市,同时由于城镇建设的需要,城市征用了一部分农村土地,使中国的人口结构发生变化,由"二元"变为"三元",除原有的城市人口和农村人口外,产生了一部分"中间人口",人们称之为流动人口。进入90年代后,由于人口老龄化和企业经营机制的转变,城镇养老保险制度和医疗保险制度进行改革,并先后建立了失业保险制度、工伤保险制度和女工生育保险制度,以及"两个确保"措施和"三条保障线"政策,并为城市贫困居民建立了最低社会保障制度。而农村社会保障制度没有什么实质性的变化,虽然民政部于1991年曾组织部分地区进行农村养老保险制度试点,但是,随着1998年的机构改革,新成立了劳动与社会保障部,民政部将此项工作停止下来。在这段时期里,中国的经济结构和人口结构都发生了变化,但是,中国的社会保障制度50年没有改变,"二元"的社会保障制度与

"二元"向"一元"转型的经济结构和"三元"人口结构极不协调,已严重制约整个国民经济的发展。

"二元"社会保障制度对城镇贫困居民和农村贫困居民产生了不同的影响。目前,老人、下岗职工和重病人家庭是我国城镇贫困群体的主要组成部分,由于城镇社会保障制度较为完善,养老保险制度、医疗保险制度、"两个确保"措施、"三条保障线"政策以及最低生活保障制度的实施,使城镇贫困人口的贫困状况得到了一定的缓解,在一定程度上减轻了城镇居民的贫困程度,缓解了城镇居民之间的贫富差距。但是在农村,由于正式社会保障制度的缺失,农村居民的贫困问题缺少缓解的渠道。抛开地域性,实质上城乡贫富差距表现为居民个体之间的贫富差距。社会保障制度的实施本应缓解农村居民与城市居民之间的贫困差距,却由于中国的社会保障制度使城镇居民的贫困问题得到一定改善,而对农村居民基本没有起到作用,使城乡居民之间的贫富差距越来越大。

5. 支农支出对城乡收入差距的影响

对农民而言,农业财政支出是宏观分配中国民收入对农业的净流入,增加公共财政中的农业支出就意味着直接增加了国家对农业和农村的投入。因此,公共财政能够调节不同利益群体的分配关系,调节农业生产者与消费者、农民与城市居民之间的利益关系,缩小或者防止扩大差距,保障农民收入的稳定增长。农业本身是一个相对弱势产业,自我积累能力较差,又是一个回报率较低,风险却相对较高的产业,对民间资本缺乏吸引力。实现农业可持续发展需要外部力量的介入,财政投入是一个重要的外部作用因素。公共财政通过提供农村公共产品来改善农民的生产、生活和外部环境条件,有利于农业生产和增加农民利益,从而直接或间接地增加农民收入。

公共财政资金可以对那些社会效益好、经济效益差的农业公共性投资项目给予重点支持,提供为农业农村发展所需的公共产

品和准公共产品,支持农业基础设施建设,发展农村公益性事业以及支持农产品加工、储藏、运输、销售,支持农民技术培训,提高农业竞争力等方面加大支出力度,从而有助于改善农民的生产生活条件,有助于改善农民市场交易的外部条件,有助于提高农民的科技文化素质,为农民增收创造物质基础。公共财政的非赢利性又为国家对农业实施有效的宏观调控,创造条件促进农村各种资源在农业内部各行业之间和城乡之间合理流动和配置提供了制度保证,有利于稳定提高农民收入水平,缩小城乡之间的收入差距。

三、财政支出结构与城乡发展失衡的实证分析

城乡居民收入分配状况是城乡关系中的核心问题。尽管改革以来,农村居民收入有了较大的增长,但是城乡居民收入差距从 20 世纪 90 年代以来一直呈现拉大趋势。城乡居民收入水平的巨大差距直接引起了城乡居民在储蓄和消费上的差距,并成为城乡经济社会发展不平衡的主导因素。出于分析上的方便和数据获取的困难,我们仅以城乡居民收入差距为例来进行财政支出结构与城乡发展失衡的实证分析。

(一)城乡居民收入差距的界定及测量

所谓城乡收入差距,就是指是在一定时期内(通常以一年为标准)城乡居民收入数量不等的货币表现,它是城乡社会、经济发展不平衡的一种经济现象。这也是我国经济从低收入向中等收入阶段转变的一个很难避免的现象。生产力发展水平的阶段性跃进使得我国个人收入分配领域必然产生差距。关于如何测度我国城乡居民收入差距,在大量的相关文献中,众学者提出了各种测量指标如,基尼系数、城乡人均收入比率、泰尔指数、MLD 指数、十等分组分析法等。由于所用方法、数据来源等的不同,所得出的结论也往往不尽一致。

本文采用了城乡居民人均纯收入绝对差,也就是利用城镇居

民的人均可支配收入和农村居民的人均纯收入的差异来分析城乡居民的收入差距。其中,城镇居民的人均可支配收入是指城镇家庭总收入扣除交纳的社会保险金、所得税等税费并加上得到的政府补贴后的收入除以家庭人口数量的余额。它是家庭成员可以真正自由支配的量,无论用于消费或储蓄投资。农村居民的人均纯收入是指农村居民家庭总收入中,扣除各种生产性和非生产性费用支出、各种税费以及承包集体任务金额后的剩余量再除以家庭人口数的余额,是家庭成员可以自由支配,用于生产性及非生产性生产投资,或者消费、储蓄的那部分收入。该指标能够动态地反映我国城乡收入差距的总体变化趋势。另外,该指标具有计算简便,概念简单明确,不易引起歧义等特点。其指标数值越大,表明社会的不公平程度越大,因此能够从整体上反映社会公平程度的现状。本文实证研究采用的数据是《新中国 60 年统计资料汇编》及《2009 年中经网统计数据库》所公布的相关数据。

另外,值得注意的是,由于农村居民的人均纯收入中含有用于扩大再生产的费用,而且还未扣除各种不合理摊派,所以可能造成对人均纯收入的高估,进而对城市收入差距的低估。由于缺乏更好的统计资料,因此只能利用统计资料里的农村人均纯收入来代替最真实的农村居民人均纯收入。

表 4　1981—2006 年我国财政支出状况

年份	城镇家庭人均可支配收入(元)	农村家庭人均年纯收入(元)	基本建设支出(亿元)	社会保障支出(亿元)	行政管理支出(亿元)	支农支出(亿元)	科教文卫支出(亿元)
1981	500.4	223.4	257.55	21.72	70.88	73.68	171.36
1982	535.3	270.1	269.12	21.43	81.6	79.88	196.96
1983	564.6	309.8	344.98	24.04	102.2	86.66	223.54
1984	652.1	355.3	454.12	25.16	125.23	95.93	263.17
1985	739.1	397.6	554.56	31.15	130.58	101.04	316.7

续表 4

年份	城镇家庭人均可支配收入(元)	农村家庭人均年纯收入(元)	基本建设支出(亿元)	社会保障支出(亿元)	行政管理支出(亿元)	支农支出(亿元)	科教文卫支出(亿元)
1986	900.9	423.8	596.08	35.58	168.03	124.3	379.93
1987	1002.1	462.6	521.64	37.4	179.33	134.16	402.75
1988	1180.2	544.9	494.76	41.77	220.89	158.74	486.1
1989	1373.9	601.5	481.7	49.6	261.86	197.12	553.33
1990	1510.16	686.31	547.39	55.04	303.1	221.76	617.29
1991	1700.6	708.6	559.62	67.32	343.6	243.55	708
1992	2026.6	784	555.9	66.45	424..58	26904	792.96
1993	2577.4	921.6	591.93	75.27	535.77	323.42	957.77
1994	3496.2	1221	639.72	95.14	729.43	399.7	1278.18
1995	4282.95	1577.74	789.22	115.46	872.68	430.22	1467.06
1996	4838.9	1926.1	907.44	182.68	1040.8	510.07	1704.25
1997	5160.3	2090.1	1019.5	328.42	1137.16	560.77	1903.59
1998	5425.1	2162	1387.74	595.63	1326.77	626.02	2154.38
1999	5854	2210.3	2116.57	1197.44	1525.68	677.46	2408.06
2000	6279.98	2253.42	2094.89	1517.57	1787.58	766.89	2736.88
2001	6859.6	2366.4	2510.64	1987.4	2197.52	917.96	3361.02
2002	7702.8	2475.6	3142.98	2636.22	2979.42	1102.7	3979.08
2003	8472.2	2622.2	3429.3	2655.91	3437.68	1134.86	4505.51
2004	9421.6	2936.4	3437.5	3116.08	4059.91	1693.79	5143.65
2005	10493	3254.93	4041.34	3698.86	4835.43	1792.4	6104.18
2006	11759.5	3587.04	4390.38	4361.78	5639.05	2161.35	7425.98

资料来源：2010 年中经网统计数据库。

注：由于 2007 年中国统计指标和口径的调整,以致 2007 年以后具体财政支出口径有很大差异,所以本节采用的数据都是 2007 年前的。

(二)财政支出结构与城乡收入差距关系的实证检验

1.样本选择与变量选择

本节目的主要研究财政支出的基本建设支出、社会保障支出、行政管理支出、科教文卫支出和支农支出对城乡收入差距影响。Y 为被解释变量,为城市居民可支配收入与农村居民人均纯收入绝对差。X1、X2、X3、X4、X5 分别为 1981 年以来每年的基本建设支出、社会保障支出、行政管理支出、支农支出和科教文卫支出。本文采用的数据为 1981—2006 年(见表 4),原因是 2007 年以来我国统计指标和口径进行大的改变,有些数据缺失。以上指标的数据均来源于《2009 年中经网统计数据库》《新中国 60 年统计资料汇编》以及计算相关数据得到。构造如下实证分析模型令 $y = \ln(Y)$、$x1 = \ln(X1)$、$x2 = \ln(X2)$、$x3 = \ln(X3)$、$x4 = \ln(X4)$、$x5 = \ln(X5)$

得到:

$$y = a_1 \ln(X1) + a_2 \ln(X2) + a_3 \ln(X3) + a_4 \ln(X4) + a_5 \ln(X5) + u$$

2.实证检验

(1)单位根检验

本文使用的数据是时间序列数据,我们第一步检验时间序列的稳定性,只有稳定的时间序列才能够直接进行回归,因为非平稳的时间序列运用普通最小二乘法来建立模型可能会产生伪回归,进而导致各种统计检验毫无意义,所以要进行时间序列平稳性的检验。(检验结果见表 5)

表 5 检验变量平稳性结果

变量	ADF 的值	临界值 $a=5\%$	平稳性(5%)
y 的一阶差分	-1.285487	-1.955681	非平稳
y 的二阶差分	-5.74069	-1.959071	平稳
$x1$ 的一阶差分	-2.238775	-1.955681	平稳

续表5

变量	ADF 的值	临界值 a＝5％	平稳性(5％)
$x2$ 的一阶差分	－1.285399	－1.955681	非平稳
$x2$ 的二阶差分	－6.34734	－1.956406	平稳
$x3$ 的一阶差分	－0.73614	－1.956406	非平稳
$x3$ 的二阶差分	－9.652623	－1.956406	平稳
$x4$ 的一阶差分	0.201152	－1.957204	非平稳
$x4$ 的二阶差分	－6.734218	－1.957204	平稳
$x5$ 的一阶差分	－0.345555	－1.956406	非平稳
$x5$ 的二阶差分	－6.975355	－1.956406	平稳

结果表明，模型中 y、$x2$、$x3$ 、$x4$、$x5$ 均为 2 阶单整，$x1$ 为 1 阶单整。

（2）协整性检验

协整性是对非平稳经济变量长期均衡关系的统计描述。协整分析是诊断变量之间是否存在长期依存关系的一种有效方法。本文采用 E-G 方法进行协整检验。

第一步，运用最小二乘法去估计(OLS)序列的长期线性均衡关系，得回归方程：

$$y = 3.021744601 - 0.7734321444 * x1 + 0.1586203485 * x2$$
$$+ 0.4399779059 * x3 - 0.7160175097 * x4 + 1.449396028 * x5$$
$$t = (3.751846) \quad (-6.520607) \quad (2.653410)$$
$$(1.204712) \quad (-2.770601) \quad (3.582515)$$
$$R^2 = 0.997019 \quad R^2 = 0.996 \quad DW = 1.61$$

从上式可以看出，除 $x3$ 的回归系数外，其他回归系数均通过显著性检验，说明了除行政管理支出外，本文分析的其他财政支出的变化显著影响城乡居民收入差距的变化。因为这 6 个变量都是单位根过程，因此这个回归方程是否有意义还取决于协整检验结论。如果回归方程中 7 个变量不存在协整关系，有可能出现伪回归现象。

第二步，根据回归方程得到残差序列，采用 ADF 检验来确定残差是否含有单位根，结果见表 6：

表 6　回归方程的残差 e 平稳性检验结果

变量	ADF 的值	临界值 a＝5％	平稳性（5％）
残差 e	－4.922910	－1.955681	平稳

可以看出：在 $a＝0.05$ 著性水平下，ADF 绝对值 4.922910 大于临界值的绝对值 1.955681 而接受 e 为平稳的备择假设，即变量是协整的，也就是说变量间存在长期稳定的均衡关系。

（3）误差修正模型

误差修正模型的思路：若变量间存在协整关系，即说明变量之间存在着长期稳定的均衡关系，它在通过短期动态过程中变量间不断调整而得以维持长期稳定的，即不平稳的时间序列可以产生平稳的线性组合是因为误差修正机制在起作用，以此防止长期关系的偏差在规模或数量上的扩大，故相互协整的时间序列变量都存在误差修正机制，反映变量间短期调整行为。由（2）的协整关系检验结果可以知到，这 6 个变量之间存在着协整性关系，经过调整后的 R^2 虽然很高，但是有 4 个回归系数显著，由于 $DW＝1.61$ 值明显偏小，这说明残差序列可能还存在着自相关关系。因此，要在协整检验的基础之上，要进一步建立包括误差修正项在内的误差修正模型，来研究该模型的变量短期动态及其长期调整特征。结果如下：

$$y - y(-1) = C(1)^* (x1 - x1(-1)) + C(2)^* (x2 - x2(-1)) + C(3)^* (x3 - x3(-1))$$
$$+ C(4)^* (x4 - x4(-1)) + C(5)^* (x5 - x5(-1)) + C(6)^* ECM(-1)$$
$$t = (-3.404743) \quad (1.848817) \quad (1.817987)$$
$$(-1.714874) \quad (2.828498) \quad (-3.068353)$$
$$R^2 = 0.588 \quad DW = 1.34$$

经检验该方程不存在自相关,各参数有较强的显著性(在10%的范围内)。其中,ECM为误差修正项,其前面系数为-0.777系数。当前一期人均城乡收收入差距向上偏离长期均衡时,调整系数会以0.777的速度减少当期国内总产值的增量,从而调整当期的人均城乡收收入差距向长期均衡靠近。反之亦然。

(4)回归方程

由协整性检验中回归方程$DW=1.61$,可知,经检验不存在自相关,可得回归方程即协整性检验中的回归方程。我们看到,$R^2=0.996$说明模型有较好的拟合优度。因此,模型整体的可信度还是比较高的。虽然除$x3$统计系数在临界值5%的范围内不显著,其余变量的统计系数都比较显著。其中基本建设支出和支农支出对于缓解城乡居民收入差距最为明显,每增加1%的基本建设支出和支农支出相应的就会缩小城乡居民收入差距的弹性比例为77.3%、71.6%。此外,对于科教文卫支出和社会保障支出会加快城乡收入差距,笔者认为这是由于我国财政支出过多倾向于城市,而对农村关注不够而造成的。

(5)实证结果分析

从实证结果来看,财政支出与城乡差距具有显著相关性。城乡差距随着经济增长而扩大。在财政支出结构上,$x1$为国家财政建基本建设支出,其系数为-0.77,对改善城乡人均收入差距贡献最大。$x4$为国家支农支出,它的系数约为-0.72,说明它对城乡居民收入差距也有显著的缩小影响,增加支农支出对调节城乡居民收入差距具有明显的有效性。$x2$、$x5$的系数都为正值且统计系数显著,说明它们对城乡居民收入差距有扩大的影响,增加科教文卫支出会和社会保障支出会增大城乡居民收入差距。之所以会出现如此的令人费解的结果,笔者认为在2006年以前,我国社会保障支出和科教文卫支出具有较强的城市倾向,主要用在城市医疗、教育及城市社会保障方面,对于保障城市居民生活、提高城市居民收入有较大的促进作用,也因此扩大了城乡居民的收入差距。所以上述实证结果基本符合我国现实状况,也为改善当前的财政支出制度性缺陷提供了有益的指导。$x3$ 的系数也为正值但其统计系数不显著,笔者分析如下:政府机构扩大是我国过高的行政支出的原因之一,此外,官员以各种名义动用公费非常普遍,如公车使用、公款吃喝、各种名义的出国培训等,一方面使得他们灰色收入大大增加,为其腐败提供经济条件;另一方面,过高的行政费用挤占了大量本来可用于解决基本民生的经费,如农村社保、医疗等方面的资金等,这也使得一些基本民生问题被拖延,得不到妥善解决。另外,由于目前我国财产收入的申报制度存在较大缺陷,使得官员阶层部分收入渠道不能透明化,因此在统计上得不到详细准确的相关数据,所以在实证分析中行政管理支出对城乡收入差距影响不明显。

第三章 发达国家促进城乡发展的经验与启示

当今发达市场经济国家和地区在历史上也曾经历过工农关系和城乡关系不协调发展的时期,如美国、日本等,但又都是在经济发展进入成熟阶段后开始全面实行工业反哺农业、城市支持农村政策,尔后使农业相对发达的。为了促进城乡协调发展,处理好城市发展与反哺农业的关系,国外普遍通过财政来保护农业和提供农村公共产品,保障本国农民收入的稳定增长。这是各国工业化进程中的普遍规律,其中的许多经验值得我们借鉴。

一、缩小城乡收入差距的一种制度安排:农业支持政策

任何一个国家在经济发展过程中尤其是在工业化初期,都会出现城乡收入差距的扩大。缩小城乡收入差距的目标要求实行适度向农村、农民倾斜的制度安排,已经实行工业化的国家和许多发展中国家,在协调城乡利益关系的制度安排上,基本体现了这一原则。无论是发达国家还是发展中国家,都存在一系列调整城乡经济利益关系的制度,在这里,我们以农业支持政策为例,说明其他国家为,提高农民收入,保护农民利益而采取的相应措施。

(一)日本的农业支持政策

1.日本农业支持政策的演变

由于自然和人口方面的条件制约,日本农业的发展受到了诸多限制。针对农业的弱质性,日本较早实行了农业保护政策,农

业保护政策的实施,为经济的高速发展奠定了基础。"二战"后,日本的农业保护政策经历了以保证粮食生产为主的恢复时期、农业政策目标的转向时期、农业政策的调整时期等三个阶段。

1946—1960年为恢复时期。日本的农业支持政策也是从价格支持开始的,1946年日本政府颁布了《食品紧急措施法》,对完成交售任务的农民给与奖励,但由于强迫农民以远低于正常价格的价格把粮食销售给政府,这种价格支持无法达到保护农民利益的目标。为了推动粮食生产,除了这种直接的奖励政策外,日本政府还采取了一系列间接措施,在开垦荒地、灌溉、排灌设施的建设、农业研究和技术推广等方面投入了大量资金。

1961—1994年为日本农业政策的转向时期。日本农业政策转向的背景是城乡收入差距在20世纪60年代开始凸现。60年代,日本经济实现了奇迹般地增长,与此相对应的是农民收入和生活水平开始落后于城市,并有逐步扩大趋势。在这样的形势下,为了保证粮食生产的安全,增加农民收入,日本农业政策的主要目标开始从增加食品生产转向缩小城乡收入差距上来,对大量农产品实行价格支持,在国际贸易中对农产品实施贸易保护。

20世纪卯年代中期以来,在世界农业出口国的压力下,日本在"WTO农业协定"框架内,对农业保护政策进行了调整,逐步向符合认可农业规则的农业支持政策转移,农业支持政策从价格补贴向强化农业生产能力转化,为了实现这种转化,日本在属于"绿箱政策"的研究开发、动植物防疫、技术普及、农村基础设施建设、农业灾害赔偿、农业劳动者补助、农业金融补助等方面采取了许多措施。

2.日本农业支持政策的主要内容

日本政府对于农业的支持政策主要体现在农业价格支持政策、农业贸易政策和农业生产政策等三个方面。

(1)农业价格支持政策

农产品价格支持与收入政策价格支持和财政补贴是日本政

府农业支持政策的常用工具,二者的有机结合为农业政策目标的实现提供了保证。

农产品受自然条件的影响较大,任由市场决定,价格波动幅度较大。而农产品的价格不仅直接关系到农民的利益,也关乎到整个国家经济的稳定,因此,稳定农产品的价格是日本农产品价格支持政策的首要目标。对于不同的农副产品,日本政府采取了不同的价格支持方式,主要包括以下6个方面的政策(任敏宝,2005)。①直接管理价格。这主要是针对稻米的价格支持,大米是日本的传统主食,对大米生产进行价格补贴有助于调动农民生产的积极性,也有助于稳定人心,保证国家粮食安全。在直接管理价格下,政府直接控制价格,直接管理农产品购销与进口的政策。②最低价格保证。这种方式主要用于小麦、大麦以及加工用的土豆、甘薯、甜菜、甘蔗等的价格支持。在最低价格保证下,政府只规定价格的下限,当市场价格下跌到下限价格以下时,政府以下限价格购入,以达到保证农业生产者收入的目的。③价格稳定带。这是针对肉类和奶类产品的价格支持。对于这类产品,政府规定一个"价格稳定带",并通过买进和卖出的方式使这类产品的价格稳定在一定范围内,在这一范围内这类产品的价格可以自由变动。④差价补贴。这是针对大豆、油菜和加工用牛奶等产品的价格支持。对这些产品,政府规定一个基准价格,当销售价格下跌到基准价格以下时,农民可以获得基准价格与市场价格之间的差额补贴。⑤稳定基金制度。这是针对蔬菜、小肉牛、仔猪、蛋类及加工水果等产品的价格支持。其实质也是一种差价补贴,只是当这些产品的市场价格低于政府规定的目标价格时,价格差额不是由政府全部指出,而是由政府、农协和生产者共同出资建立的基金即"价格平准基金"支付。⑥目标稳定价格。这是针对奶制品的价格支持。基本做法是,政府每年制定出各类奶制品的"目标稳定价格",当市场价格低至该价格的90%时,由畜产品推销公司收购该类产品；当市场价格高于该价格的 4％时，畜产品推销公司抛售该类产品。

上述 6 种价格支持手段的目的是一致的，即减少农产品价格波动给农民造成的损失，保证农民有一个稳定的收入。除了上述价格支持政策之外，日本政府还对农民进行大量的财政补贴，并且对农民予以税收优惠。

日本农业财政补贴的项目繁多，主要有：农产品价格补贴、农田水利建设补贴、农业现代化设备补贴、农业贷款利息补贴等。日本每年农业补贴总额在 4 万亿日元以上，农民收入的 60％来自政府补贴。2000 年，日本对农业的补贴达到国内生产总值的 1.4％，而同期的农业产值只有 1.1％，农业补贴值甚至超过了农业产值。[①] 日本的税收政策对农民的优惠也很多，如日本在相关法律中规定，如果农业用地被继承人继续用于农业生产，遗产税总额超过土地交易价格的部分便可以延期缴纳；如果继承人死亡或者从事农业生产满 20 年后，未交纳的部分可以免除。

（2）农业贸易政策

在农业贸易政策上，日本是比较保守的。日本之所以害怕农产品国际贸易自由化，一是出于极低的粮食自给率与粮食安全保障的忧虑；二是因为对农业极高的财政补贴导致日本国内农产品的国内价格远远高于国际市场价格，致使日本农产品几乎完全丧失了国际竞争力。

日本主要的农产品贸易支持政策包括几个方面。①主要农副产品关税化。在 WTO 农业协定中，虽然日本承诺至 2000 年农产品的平均关税降为 12％，列入关税目录中的主要农产品的一次税率平均为 20％。但总体上看，日本政府对本国重要农产品的保护程度依然很大，许多农产品的关税仍然保持在 30％以

---

① 侯锐：《中国农业支持政策研究》，华中农业大学 2006 年博士论文。

上，大米的关税更是高的惊人，由于大米被允许实施"关税特别措施"，至 2000 年大米的最终关税率为 490%。②"绿箱"政策保护。90 年代中期以来，日本政府对农业的支持开始从以补贴生产、流通环节转向支持农业的公共性服务、农业基础设施及农业生产结构调整方面。1997 年，政府预算中用于"绿箱"政策范围内的资金补助达到 220 亿美元，农业财政补贴的绝大部分开始用于WTO 农业协定所允许的范围。③"黄箱"政策保护。日本政府的"黄箱"政策主要采取进口加价或提高国内批发价的手段，使得农产品国内销售价格高于进口平均价，从而间接达到保护本国农业生产者利益的目的。1997 年，"黄箱"政策涉及的金额达到 271 亿美元，超过了用于"绿箱"的资金补助，其中大米、麦类、肉制品、牛奶等农产品的国内外差价（农民间接受益）达 254 亿美元。①

日本在农产品贸易上长期执行贸易保护主义的结果，一方面，确实达到了保护日本国内农业生产者的目的，日本的农业生产者可以凭借政府所给予的大量补贴与国外农业生产者进行竞争；另一方面，日本农业生产的竞争力也因此无法得到真正提高。

（3）农产品的生产支持政策

在生产领域，日本政府对农业的支持政策主要有：①加强对农业科技方面的支持。日本政府利用财政力量兴修水利设施，大力推进先进的排灌技术；同时十分重视品种培育的科学化，建立了世界一流的筑波种子中心，建立了严格的品种审查制度。②保护农地，稳定耕地面积。随着日本经济发展，工业用地和住宅用地膨胀，日本政府于 1969 年制定了《国土利用计划法》，要求各级政府制定"国土利用计划"，实行"申请劝告制"，抑制土地投机买卖。在鼓励农民兼业经营的同时，禁止农地转作他用。③加强生产的计划与指导。

---

① 侯锐：《中国农业支持政策研究》，华中农业大学 2006 年博士论文。

日本的农林水产大臣每年要制定并且公布关于粮食供需及价格的基本计划,包括米谷供需及价格制定的基本方针、供需预测、生产目标和生产调整事项等。各级政府根据计划,进行生产调节,以维持总量平衡。农业生产政策实施的结果,加快了日本农业生产现代化的步伐,使日本的耕作水平居于世界前列,机械化水平很高,生物、材料等技术在农业生产中得到广泛运用;合理地规划并利用农地,保证了农地的持续有效利用;政府的宏观指导,克服了小农生产的盲目性,使得日本农民在生产中获得了更大的利益。

(二)韩国的农业支持政策

1. 韩国农业支持政策的演变

韩国的农业支持政策是在 20 世纪 60 年代后期至 70 年代形成的。在此之前,韩国农业政策以促进粮食生产,解决粮食自给自足为主要特征。政府虽然也出台了一些政策,在投资、技术指导、金融服务等方面给农业以支持,但总的来看,政府提供的农业发展援助十分有限,直到 60 年代末期,农业都被"无意识忽视"由于忽视农业和农村的发展,造成了农民收入偏低,粮食自给率不断下降,城乡两极分化加剧,城市与农村、工业与农业之间不平衡加剧。为了平衡农业与其他产业之间的差距,促进农业发展,韩国政府开始采取积极扶持农业的政策。

1968—1977 年,是韩国农业支持政策初步形成的阶段,工业开始反哺农业。在这一时期韩国政府主要通过农产品价格保护政策、投入补贴政策以及农村综合活力开发等措施支持农业的发展。随着韩国经济实力的进一步加强,农业占 GDP 的比重不断下降,到 1987 年,农业产值占 GDP 的比重已经不足 10%。

为了加快农业发展,提高农业收入,韩国政府在 1978—1988 年间,出台了主粮自给、减轻农民债务以及通过促进非农收入和多种经营来增加农民收入等一系列的农业政策。同时采用刺激乡村工业化的政策,发展乡村工业园地。政策实施的结果,农民的收入大幅度的提高,农民生活水平开始普遍接近城市居民生活水平。

1989 年至今是韩国农业支持政策的调整阶段。80 年代中期,韩国对外贸易出现了巨大的贸易顺差,发达国家要求韩国开放市场的压力越来越大,1986 年乌拉圭回合谈判也预示着韩国不得不面临外国农产品涌入的挑战。在这种背景下,韩国政府也意识到了单纯的农业保护政策无助于增强本国农业的竞争力,于是对农业发展政策逐步进行了调整。调整的总体思路是在减少对粮食补贴的同时,通过鼓励农民扩大土地规模经营、调整农村产业结构和农业结构、改善农业基础设施等其他途径支持农业的发展。在政府的积极农业政策的支持下,韩国的农业得到了迅速发展,使得经济增长的收益在城乡居民间得到了广泛的分享。

2. 韩国农业支持政策的主要措施

从 20 世纪 60 年代开始,韩国政府把保障农产品价格、提高农民收入和促进农业发展提到议事日程,并采取了了许多措施。

第一,农产品价格保护政策。1968 年首先对大米实行了价格双轨制,即政府从农民手中高价收购大米,然后再低价供应给城市居民。同年大米购买价格上升 17%,1969 年上涨 22.6%,1970 年上升 35.9%,1971 年又上涨了 25%(Lee and Lim,1999)。1969 年价格双轨制扩大到了麦类。1977 年起对大豆和玉米实行"相对价格制",规定大豆和大米保持统一收购价格水平,玉米价格维持在米价的一半。高米价政策加上其他对农户的扶持措施,使得农户收入在 20 世纪 70 年代和 80 年代初期的某些年份超过了城市居民。

第二,投入补贴政策。为减轻农产品的生产成本、鼓励农民增加农业投资,韩国政府以价格补贴与提供低息贷款相结合的方式对农民予以资助。如政府对购买农机具的农民提供补贴和低息贷款;1987 年以前,韩国政府通过农协从化肥制造商那里购买化肥,然后低价卖给农民,管理费用由政府承担,这实际上是对农户的一种补贴;另外政府还通过政策性贷款帮助和鼓励农民增加投资,政策性贷款的利率低于商业性贷款利率,其利率之差也是对农户的补贴。

第三,通过"新村运动"实施农村综合活力开发。1970年韩国政府发起了"新村运动",1970—1973年是新村运动的起步阶段,该阶段的重点是改善农民的居住条件,政府通过为农民无偿提供水泥、钢筋等物质资料激发农民自主建设新农村的积极性。70年代中期,新村运动进入拓展阶段,重点由改善农民生活和居住条件转变为提升农民生活质量。除了继续加强农村基础设施的建设外,鼓励新建住房和发展多种经营,对卓有成效的新村建设提供贷款支持和各种优惠条件、动员大学教师、科研人员到农村巡回讲学和推广科技文化知识与技术。在70年代后期的新村运动中,政府的主导作用开始淡化,政府工作的重点转变为建设和完善全国性新农村运动民间组织,制定发展规划,做好协调与服务,为新农村运动提供必要的财力、物力和技术支持。韩国新村运动的内容涉及到农村经济和社会的方方面面,持续10年之久,不仅改善了农村的生产、生活环境,也为韩国农业的发展提供了基础设施方面的保障。

第四,加强土地管理,鼓励农户扩大土地经营规模。为了扩大耕地面积,韩国在1974年通过了"促进大面积山地开发六年计划"和"农地扩大促进法"并为农地开发事业扩大投资规模。为了增加农户土地经营规模,1994年韩国制定了"农地基本法",放宽农户最大土地拥有量为3公顷(1949年"土地改革法"的规定)的限制,同时放宽了土地买卖和租赁限制,鼓励土地集中和规模化经营。1997年韩国还通过了"农地强制条例",规定在农业振兴区内将不再批准超过10(刃公顷的工厂和500公顷的生活或娱乐设施。为了推动土地流转,1997年起韩国政府推出了农民退休

支付计划,凡超过 65 岁的农民,如果愿意把土地出售或出租给专业农民 5 年以上,可一次性获得每平方米 258 韩元(或每公顷 2580 美元)的补贴。

第五,进行农村产业结构和农业结构的调整。1989 年韩国政府出台了第一个农村产业结构调整的综合性计划—"农村振兴综合计划",1991 年又宣布了一个为期 10 年的"农渔村结构改善计划",这一计划的主要目的是提高农业生产效率和改善生活条件。根据计划,85％的投资用于结构调整,发展农村二、三产业,扶持农产品深加工,改善农产品流通设施。1993 年乌拉圭回合谈判的结束促使韩国政府在 1994 年又出台了"农渔业振兴计划和农业政策改革计划"。

在这些计划的促进下,90 年代以来,韩国的畜牧业、水果生产、设施园艺(蔬菜、花卉)发展迅速。此外,韩国政府还积极利用乌拉圭回合农业协议中有关"绿箱政策"来改善农业基础设施,在灌排设施建设、农地整治、大规模区域开发等方面做出了很大努力。韩国政府对农业的支持使农民的收入有了很大提高,农民的生活条件有了很大改善。韩国政府也为此花费了大量的财力资源,OECD 的研究(2005)显示,韩国农民收入的 60％以上来自政府的支持。

(三)巴西的农业支持政策

1. 巴西农业支持政策的演变

巴西农业支持政策的总体目标是促进农业发展和提高农民收入,但在不同时期具有不同的政策特点。在 1995 年以前,巴西的农业支持政策经历了由直接补贴向价格支持的转变,目的是保护农民收入。1965—1985 年间巴西用于农业直接补贴的资金累计 310 亿美元,后来限于财政压力,巴西政府从 1985 年开始转为对农产品进行价格支持为主的农业支持政策。1985—1995 年间农业直接补贴由 142 亿美元减少到 60 亿美元。自此,价格支持政策成为巴西农业支持政策的支柱(李飞,孙东升,2007)。

1995 年以后,鉴于 WTO 的成立与农业协议的签订,巴西政府对农业政策做了调整,农业市场更加开放。这一阶段的政策目标具体表现在两个方面:一是保持巴西农业的国际竞争力,主要是针对大农场,减少价格支持,使之在国际市场上的竞争力不断提高;二是确保农民收入不低于城市居民收入,维持社会稳定,主要针对小农户而采取家庭农业支持计划,防止农村人口向大城市的过快流动以至造成社会问题。在这段时期,PEP(产品售空计划)和 Option contracts(期权合约补贴)成为两个新的政策工具,逐步取代了旧的价格支持政策,减轻了巴西政府直接购买时的库存费用压力。

2.巴西主要的农业支持政策措施

巴西的主要农业支持措施包括:土地改革计划、家庭农业支持计划、信贷政策、价格支持政策、鼓励合作社发展和农产品出口鼓励政策。

(1)土地改革计划。目的是吸引农民到内陆的中西部开发后备耕地资源,通过大规模经营促进农业竞争力的提高。巴西耕地资源丰富,有可耕地 2.8 万亿公顷,目前应。1999 年成立"土地银行",由联邦政府向农民提供信贷资金购买农村地产,推动社会基础设施建设。2000 年,这类信贷额高达 2.67 亿雷亚尔,1.56 万家庭从 27.6 万公顷土地中受益。③充分利用外国资金和技术。从 1999 年开始,允许外国人在巴西设立独资公司。目前,在利用外资方面,日本、美国是巴西的最大合作者,近年来,以色列也加大了投资。

(2)家庭农业支持计划。该计划专门针对缺乏国际竞争力的小农,目的是确保小农户基本收入,增加农村就业机会,抑制农业人口向大城市过快流动,维持社会稳定。该计划于 1997 年开始实施,1999 年开始推广。有三条主线:①改善开发地区交通运输

条件和基础设施建设。根据气候、土壤、当地市场情况及产量情况,而不是根据作物种类确定优先扶持对象。由联邦、州和市三级政府各约出资1/3,农民不出资。在部分地区,也对农民购买农业机械予以支持,大体上农民和政府各出一半资金。②农业信贷。给小规模农户提供的贷款要比商业贷款利率低,分期付款还可以免除30%的本金。如果到期不能按时归还,可以向农业部门提出申请并说明理由,延长其还贷时间。③免费对农民和技术人员进行培训,免费提供各种病虫害防治技术资料,但种子、肥料等仍然由个人购买。

(3)信贷政策。主要目的是为农业发展提供重要的金融支持和资金保证。政府依据土地占有面积、农业产值、农业生产率和农业现代化水平发放农业信贷。小农户、中等农户和大农场主分别可获得所需资金的100%、70%和55%的贷款,且利率也各不相同,依次提高各一个百分点。政府规定农业信贷年利率最高为12%(一般市场信贷利率为25%),对中小生产者在贷款利率上更加优惠,分别为9%和6%。

巴西的农业信贷分为三种:一是种植信贷,主要用于购买生产资料;二是投资信贷,主要用于添置固定资产,对购买土地不予贷款;三是销售信贷,主要帮助生产者解决销售资金周转。为了确保小农户能够得到贷款,巴西采取两项重要措施:一是法律规定所有商业银行必须将其活期存款的25%用于农业。二是通过巴西银行和巴西发展银行贷款等提供农业政策性贷款支持农业。

巴西农业贷款的75%来自巴西银行,早期主要提供农产品购销存储贷款,1995年以来,增加了农业生产、农产品储备和农业基础设施贷款。巴西发展银行是政府全资拥有的政策性银行,在支农方面,主要提供农业发展项目贷款及包括土地在内的固定资产投资。目前,农业贷款约占其全部贷款的10%。尚有80%的耕地没有开发。

为促进中西部地区的农业开发,政府一直努力吸引南部地区的农民到这些地区从事农业。巴西政府促进土地改革的主要政策措施包括:①土地征用,政府征用土地以后分给农民。这一计划已使得 45401 个家庭获得土地在农村定居下来。同时,积极实施"北方农产品出口长廊建设计划"和"北部地区灌溉计划"等。②金融支持。成立地方开发银行和特别基金,增加开发地区的资金供应。

(4)价格支持政策。巴西的价格支持政策经历了由政府直接购买向产品售空计划和期权合约补贴的转变过程。从 1975 年开始正式对豆类和木薯等实行价格支持。到 1985 年,价格支持已成为农业政策的支柱。这一阶段价格支持主要有两个手段:一是联邦政府直接购买,当市场价格低于规定最低价格时政府买入。二是营销贷款。这一政策一直持续到 1994 年 WTO 成立与农业协议签署。

出于财政压力和 WTO 规则的要求,从 1995 年开始,巴西政府提出了两个新的政策措施即产品售空计划和期权合约补贴来逐步取代旧的价格支持政策,其目的具体具体表现在两个方面:一是保持农业的国际竞争力,主要是针对大农场,减少价格支持,使之在国际市场上的竞争力不断提高;二是确保农民收入不低于城市居民收入,维持社会的稳定,主要是针对小农户采取家庭农业支持计划,防止农村人口过度流动而造成社会问题。

产品售空计划是政府通过向加工企业和批发商支付"差价"补贴的方式来支持农产品价格。例如当中西部的农民把产品提供给南部的加工企业或批发商时,政府将两地之间的价差(主要是运费)补贴给后者,从而鼓励他们到内陆地区去收购农产品,进而为内陆地区农民提供价格支持。期权合约补贴则相当于价格保证制度的一种,即现在定一个一定时期以后的期权价格,但是先要买这个保险。如果买了这方面的保险,当到期实际市场价格高于期权价格时,由农民自己出售;当到期实际市场价格低于期权价格时,政府直接把市场价格与期权价格之间的差额补给农民,仍由农民自己销售。

(5)鼓励合作社的发展。该政策的目的是为农民提供各种服务,提升农民的市场谈判地位。巴西在农村建立了多种形式的合作社,在推动生产、实现供销一体化和提供各种服务方面发挥了积极作用。20世纪90年代初,巴西有4000多个合作社、成员4000多万户。合作社主要有供销合作社、渔业合作社和农村电气化合作社三种,它们各自发挥着不同的作用。以供销合作社为例,其主要职能是为农民供应生产资料,提供农产品的分级分等、包装、仓储、运输、销售和出口等服务,同时还提供生产技术、市场信息、经营管理咨询、技术培训等服务。

(6)农产品出口鼓励政策。一是鼓励出口计划。巴西政府为出口产品提供信贷、贴息和出口担保,并建立出口保障、开发基金以及提高产品竞争力基金。二是加速改善农村地区的交通运输条件和基础设施建设。提出"北方产品出口长廊建设计划"和"北部地区灌溉计划"。三是建立出口联营集团。政府针对现实存在的大宗农产品出口被少数大公司垄断的情况,为保护小农业生产者利益建立了中小企业"出口联营集团"。四是农业低税政策。巴西农业的各种税收与其他行业比是最低的。五是设立地方开发银行和特别基金。利用财政政策鼓励私人向落后地区投资。巴西虽然建立了农业支持政策体系,但总体上说,对农业的支持水平还是很低的。

根据OECD的生产者支持估计(PSE)分析框架并以OECD的PSE/CSE数据库为基础进行分析,1995—2004年,巴西对农业的支持总额占GDP的比重(%TSE)在0.29%—0.85%之间波动。2002—2004年巴西的%TSE平均为0.5%,远低于中国的3.6%(2002—2003年平均),也低于OECD国家的平均水平

1.2％,说明巴西对农业的支持成本较低。按 PSE 占农业生产总值的比率（％PSE）来看,2002—2004 年巴西的％PSE 平均为3％,仅高于新西兰（2％）,远低于 OECD 国家的平均水平（30％）,也低于中国的 8％（2002—2003 年平均）（李飞,孙东升,2007）。

（四）外国农业支持政策的共同特点

不同国家经济发展的阶段不同,自然条件千差万别,其农业支持政策产生的历史背景、基本目标、采取的手段以及取得的效果也不尽相同,但认真分析不同国家的农业支持政策,我们还是可以发现它们的共同特征。

第一,农业支持政策源于农业本身的特点。农业是弱质产业,受自然影响大且生产规模较小,很难与其他部门进行市场竞争。农业的弱质性导致从事农业的比较利益低下,在工业化过程中,城乡居民的收入水平被不断拉大。城乡收入差距的扩大,自然会影响农民从事农业生产的积极性,造成农业生产无法满足需求。而农产品（特别是粮食）又是人类生存的基本品,其需求弹性小,这就要求农产品的供给数量和价格不能有大的波动,否则就可能造成严重的社会问题。农产品需求上缺乏弹性和供给上容易出现波动的特点要求政府采取相应的政策措施,保证农产品有一个相对稳定的供给,以实现整个社会的稳定。各国实施农业支持政策的历史背景不同,具体原因也不一样,但农业支持政策的理论依据是相同的。

第二,农业政策的具体目标虽因国别不同存在一定差异,但各国农业支持政策的基本目标相似。如日本则把提高粮食和食品的自给率放在首位,同时强调农业的可持续发展、促进不同地区和城乡协调发展等;韩国强调粮食自给、提高国内农产品的竞争力,增加农民收入和提高农民生活质量等。但总的来说,各国农业支持政策的基本目标是一致的:提高农业生产力、实现农产品安全供给、稳定农产品价格、增加和稳定农民收入、提高社会福利税品、改善农村环境等是各国农业支持政策的共同目标。无论哪个国家,农业支持政策都经历了不断演变的过程,在政策演变的不同阶段,其政策手段也发生着变化,但无论如何变化,提高农业生产力,增加农民收入的基本目标始终不变。

第三,为支持农业发展,每个国家都根据自己的特点采取了相应的政策措施,但认真分析就会发现,各国支持农业发展的主要政策基本上可以归纳为价格、收入政策和农业发展政策。价格、收入政策更着眼于短期,对农民、农业而言,从这些政策中获得的利益是立竿见影的,如农产品价格支持政策、名目繁多的直接或间接补贴政策、优惠的税收政策等。农业发展政策更着眼于农业的长期发展,农民既可以即刻感受到这种政策带来的利益,更可以在以后更长的时期内享受到这些政策的好处。如促进农业发展的科技政策,包括金融支持、投资支持、基础设施支持在内的各种支持政策以及在农业生产结构调整等方面的政策等。

第四,农业支持政策的实施需要法律的保证,也需要政府的强力推动。发达国家为了保证农业支持政策的实施,都制定有相应的法律,如日本在 1962 年制定了《农业基本法》,该法有两个基本目标,一是提高农业劳动生产率,二是缩小工农差距。一个国家农业支持政策力度的大小,既取决于该国所具有的经济能力、更取决于政府的态度,政府强大的财政支持是农业支持政策取得理想效果的前提条件。韩国的农业支持政策之所以取得了较好的效果,是与政府的财力支持分不开的。1997—2001 年,美国由于政策向农业生产者转移的资金数量平均占农业生产者总收入的 20.75%(侯锐,2006);而韩国农民收入的 60% 来自于政府的支持。

第五,归根结底,农业支持政策是政府对城乡利益关系的一种调整,这种调整带有一定的农村偏向,具有提高农民收入,缩小城乡收入差距的功能。

二、发达国家的农业保护政策及其启示

发达国家对农业保护,主要体现在普遍实施包括农业补贴和价格支持在内的农业政策。虽然各国在自然资源禀赋、经济发展阶段、国内市场规模、文化历史传统以及社会体制等多方面存在着较大差异,而且对农业补贴的动机和补贴的政策目标不尽相同,所采取的手段多种多样,但是都促进了本国农业生产的发展,提高了农业的市场竞争力,增加了农民收入,从而使城乡关系和工农关系步入相对协调发展的轨道。

(一)美国的农业保护政策

美国对农业的保护政策可追溯到建国初期。在 20 世纪 30 年代以前,美国的农业政策主要是通过公有土地的分配确立家庭农场制度和完善农业基础设施,为农业的发展奠定基础。现行的价格支持和农业补贴政策始于 20 世纪 30 年代,美国政府为了缓解大萧条的危机,保护农民利益,促进农业生产力的提高,制定了一系列的农业支持和保护政策,具体包括:(1)最低保证价格的农产品抵押贷款。(2)目标价格。(3)无追索贷款。(4)储存或缓冲库存。(5)生产和销售限额。(6)扩大需求和粮食援助计划。(6)投入物和劳务补贴。(8)食品券计划。另外,还有土地休耕保护计划、生产灵活性合同补贴、农业灾害补贴等。

第一次世界大战以后,农产品价格大幅度下降以及需求急剧减少等原因,美国农业遇到了极大的挑战,特别是 1929 开始的大萧条经济危机,使美国几百万农民濒临破产。在此背景下,美国国会通过了《1933 年农业调整法》,对农产品市场实施干预,以此为开端,经过 60 多年的调整和充实,最终形成了一个较为完善的财政支持农业的政策体系。此政策体系的核心是农产品价格支持和收入政策,同时强调自然环境的保护。在这一时期,美国财政支持农业政策在一定程度上缓和了农业危机。但是,这些政策

的长期推行也使美国财政付出了高昂的代价,仅 1986—1995 年间美国政府对农场主的直接补贴就高达 1081 亿美元之多。巨额的农业补贴给美国政府带来巨大的财政压力,同时,与 WTO 所倡导的农产品贸易自由化背道而驰。为此,20 世纪 90 年代以后,美国政府对以往的财政支农政策进行了改革。《1996 年联邦政府完善与改革法案》(AFRI 法)以及《2002 年农业安全及农村投资法》是美国财政支持农业政策的重要转折点。1996 年的 AFRI 法对自 20 世纪 30 年代以来沿袭近 70 年的传统农业政策做了重要调整和改革,首次在法律上把政府对农业的支持和补贴与农产品的价格脱钩。美国最主要的农业直接补贴项目包括贷款价差支付、脱钩支付和市场损失支付(2002 年后被反周期支付取代),都是以农民增收为目标的。

1. 贷款价差支付

事先规定一个贷款率,以此作为最低收购价格,当市场价格低于贷款率时,按二者之差和农民实际售出的产品数量给予农民补贴。推行这种政策,目的在于保证农民可以获得不低于贷款率的价格。这种政策起源于保护价格收购:当市场价格降低到贷款率以下时,农民可以将产品抵押给政府,按贷款率标准,获得贷款、如果市场价格升高了,农民可以将产品在市场上售出,并偿还政府贷款。如果市场价格没有回升,则农民可以放弃抵押给政府的产品,也就不用还政府贷款了。后来为了减少政府储备负担,并且让市场价格发挥作用,就发展到不需要农民抵押实物了,政府可以根据市场价格与贷款率的差额对农民进行补贴。

2. 脱钩支付

在 1996 年引入,农民在历史基期中的种植面积和单产作为计算补贴的依据,《农业法》事先确定各种产品的支付率。因为农民获得这种补贴的多少与当年的生产与价格无关,故将其称为"脱钩补贴"。

3.市场损失支付

作为 1996 年以后新增加的一个直接补贴种类,此种计算方法非常独特。20 世纪 90 年代中期,粮食等农产品的世界市场价格大幅度上涨。美国政府预计农产品价格将继续上涨,政府就逐步减少补贴。但是,后来农产品价格的发展态势发生了逆转,开始下跌,原来的《农业法》规定的补贴远不能满足农民的需要。在农民利益集团的压力下,美国国会开始增加农业补贴。新增加的农业补贴就是市场损失支付,即为了弥补市场价格下跌给农民造成的收入损失。计算的基数仍然是脱钩补贴的基数,相当于增加脱钩补贴的标准。2002 年以前,每年根据市场价格变动情况,确定一次补贴率标准。2002 年《农业法》修订之后,将这项补贴规范化,赋予了一个新名词,即"反周期支付",意思是弥补价格的周期性波动给农民造成的收入损失。同时确定了反周期支付标准的确定机制:新确定了一个比较高的目标价格,如果市场价格、贷款价差补贴和脱钩补贴三者之和低于目标价格,则实行反周期补贴,其标准就是三者之和低于目标价格的部分。也就是说,不管市场价格如何变化,农民总是获得相当于目标价格水平的收益。

(二)日本的农业保护政策

日本农业保护政策的出发点就是保证农产品生产的安全、稳定农产品价格、增加农民收入。为此,1961 年日本政府颁布了《农业基本法》,通过农产品价格支持手段来保护农业,实现工业剩余回流农业的方式就是农业补贴,促进城乡关系和工农关系的协调。把保持农产品价格稳定作为日本价格政策的主要目标。其价格管理形式有如下:

1.成本与收入补偿制度(统一价格或管理价格制度)

实行这一制度的主要是大米。所谓成本与收入补偿,是指大米的生产者价格由"生产成本和收入补偿公式"确定。按照公式,大米价格由单产低于全国平均水平一个标准差的农场的生产成本计算,农民投入水稻生产的劳动价格按工人的工资水平计算。这样确定的大米价格,既保证了绝大多数农民的水稻生产收入能补偿水稻生产成本,又保证了水稻生产者的收入与工人相当。由于工人工资的增加,按此公式计算的稻农的收入也随之增加。日本政府于1960年使用这一公式,到1968年大米的生产价格就上涨了一倍,生产者价格超过进口价格的幅度由1960年的低于50%提高到1968年的120%,农民生产的大米由政府按规定的价格全部采购。后来政府修改了对大米流通的管理,将大米分为政府米和自由流通米。对于两者,政府都要控制面积、产量和销售量,但实行不同的收购方式和收购价格。政府米由政府收购,政府定价(高于国际市场价数倍)。流通米政府不收购,但需按特定渠道流通,以政府定价为基准(不久,部分自主流通米的价格开始以大米交易所投标价格为基础)。为适应农产品贸易自由化和WTO农业规则的要求,日本从1995年起,大幅度修改农业政策,1995年实行新的粮食法(减少政府管制的大米流通份额,允许第一年国内消费量4%、5年后达到8%的大米进口等),1999年出台大米流通法并颁布农业基本法与农业改革方案。

2. 最低价格保护制度

实行这一制度的主要是小麦、大麦以及加工用的土豆、甘薯、甜菜、甘蔗等。为了保证这些产品的价格不跌到很低的水平,政府规定了最低价格标准。若市场价格低于政府的最低价格,产品全部由政府有关机构按最低价格购进。

3. 价格差额补贴制度(补助金制度)

这种制度主要适用于大豆、油菜籽和加工用牛奶等产品。根据这一制度,政府规定目标价格。当市场价格低于目标价格时,政府把两者的差额直接补贴给农民。这一制度的作用与最低保护价类似。不同的是,在这一制度下,农民可以在市场上以体现供求关系的自由价格全部出售其农产品。

4.价格稳定带制度

实行这一制度的主要是肉类和奶类产品。政府在自由贸易的前提下,通过买进和卖出方式,使农产品的市场价格稳定在一定的范围内,形成一定的"价格稳定带"。这一价格一般要高于市场均衡价格。

5.价格平准基金制度

实行这一制度的主要是蔬菜、小肉牛、仔猪、蛋类及加工水果等。这一制度实质上是差价补贴制度。不同的是,当这些产品的市场价格低于政府规定的目标价格时,价格差额不是全部由政府支付,而是由政府、农协和生产者共同建立的基金支付。这种基金就是"价格平准基金"。

以上价格制度中,除管理价格制度外,其他的都以自由价格为前提,政府或者通过直接参加市场活动(买卖、收购等),或者通过价格差额补贴来稳定农产品价格。尤其是价格平准基金制度,政府鼓励农民建立自己的组织,有计划地生产、销售农产品,再通过建立基金保持农产品销售价格的稳定。

1999年7月,日本国会通过了新的《食品·农业·农村基本法》,同时废除了1961年的《农业基本法》中有关农业支持政策与补贴条款。由价格补转向"绿箱"政策的农业劳动者补助、农业灾害赔偿、农业金融补助等,以强化农业的生产能力。这一转变既为市场机制发挥作用提供了空间,又没放弃政府支持农业发展的作用。

(三)欧盟的农业保护政策

农业补贴尤其是农产品价格补贴是欧盟共同农业政策的重要内容。虽然欧盟农业产值仅占其国民生产总值的1.4%,但农业补贴占欧盟预算的一半。20世纪90年代之前,实现高于世界农产品市场价格的内部市场价格支持政策一直是共同农业政策的核心。其主要政策措施有价格支持政策和非价格支持政策。

1992年,欧盟为协调乌拉圭回合谈判中的立场,对其农业共同政策进行了系统改革。主要内容是将其农业保护政策从单纯的价格支持转向价格支持和直接补贴相结合。改革目标是通过降低农产品价格水平,保障欧洲农业在世界市场的竞争力,控制农产品生产和财政预算开支的过度增加,进行国土整治和保护环境,促进农村发展。现阶段,欧盟的主要农业补贴有:

1. 休耕补贴

休耕补贴有两种,一是面积补贴中涉及的,每年同面积补贴一起申报。二是多年休耕。最少休耕 10 年。100 公顷以下的农场最多休耕 5 公顷,100 公顷以上的最多 10 公顷。休耕的要求如下:休耕地不得裸露,至少应该绿化、或者种草;休耕地不得施肥、喷洒农药;休耕地不得生产除非食品原料之外的任何农产品。

2. 按种植面积补贴

按照欧盟 2000 年农业政策改革计划,谷物的支持价格降低15%,油料、蛋白作物则按照世界市场价格。为了弥补价格下降对收入的影响,按面积和产量对农民进行直接补贴(欧盟对谷物等的价格支持仍然存在,但支持价格水平大幅度下降)。获得这种补贴的条件是,规模较大的农场(谷物生产总量超过 92 吨),必须将土地休耕 10%(休耕的土地获得休耕补贴);规模小于上述标准的小农场,不要求休耕义务但可自愿选择休耕一部分土地,获得休耕补贴。大于自愿休耕的面积总量不限,但享受休耕补贴的上限为耕地面积的 33%,超过的面积不予补贴。农民根据每年种植的各类作物面积的多少申请面积补贴。可享受面积补贴的作物有各种谷物、油料作物、豌豆、蚕豆等蛋白作物等。对其他饲料类作物、甜菜、马铃薯、草籽等不予补贴。每公顷面积的补贴额,各种作物之间不同,不同地区不同,因为补贴标准是按每吨补贴额与平均单产确定的。

3. 环境保护补贴

这是欧盟一项很有特色的政策补贴。环境保护补贴的原则

是自愿参加,至少 5 年,遵守有关环境保护的规定。具体类型:
①生态农业。整个农场的生产活动(种植业和畜牧业)必须全部
符合生态农业的标准。所有产品符合生态农业标准,并粘贴生态
食品的标签。②粗放性草场,包括耕地变为草场。草场载畜量不
超过每公顷 1.4 大牲畜单位,最少不少 0.3 大牲畜;大幅度减少
肥料和农药使用量;不转变为耕地。③对多年生作物(水果、葡萄
等)放弃使用除草剂。

4.多年休耕

此项补贴列在环境保护项目之下。

(四)发达国家农业保护政策的启示

1.农业保护的法律、法规化与制度建设

日本、美国对农业保护制定了周密而详尽的法规,而且形成
了每五年修订一次立法的制度,从而使日本、美国农业保护从法
律上有了根本的保证。对农业实施保护,其收益不在实施农业保
护的当年,而在于对其滞后效应的获取,而农业保护的当期一般
又处在农业供给过剩(有时是阶段性过剩)之时,这个特点往往使
人们因当前农业的乐观形势而对农业保护的必要性产生怀疑。
而一旦农业保护开始削弱,其后遗症往往要等一年甚至几年后才
会显现,在那个时候再重新实施农业保护,则必须等一年甚至几
年后支委会产生收益,这样必然会造成农业发展过程因农业保护
政策和措施的摇摆不定而出现人为的震荡。因此,如果农业保
护措施不是连续的,那么从农业保护这一措施中的收益也必然
不是连续的,同时农业保护的效率也必然会因农民对农业保护
政策产生信任危机而大打折扣。因此,要使农业保护政策保持
必要的连续性,就必须有法律上的保证,必须制定关于农业保
护的相关法律及建立执行这些法律的基本制度。

2.农业保护政策方式需要多样化

美国的农业保护历史较长,在其长期的农业保护实践中,形

成了一整套多样化的农业保护方式和方法,这些不同的农业保护措施适应了不同的农业保护要求,因而在客观上充分地起到了保护农业的作用。我国的农业保护从严格意义上讲是从 1996 年秋开始的,国务院在 1996 年秋收后颁布的对粮食实行最低保护价的政策,这一政策在 1997 年夏收后进一步得到完善和充实。由于时间短,加之财力有限、经验不足,到目前为止,所谓对农业的保护政策,主要只体现在对粮食的最低收购价上。比较日本、美国全面的农业保护措施及其效果,我们仅仅实施的农产品价格支持的农业保护政策就是相当单一和薄弱。事实上,在 WTO 市场规则框架内对我国农业的保护政策,除了实施价格支持外,还可以采取多种形式,如金融优惠、财政支持、农业保险和贸易保护等。

三、国外农村公共产品供给经验借鉴

公共产品是满足社会公共需要的产品,具有非竞争性、非排他性的特点。政府的重要职责就是提供公共产品,当然也包括农村的公共产品。农村公共产品按特征分类,即以农村公共产品的非竞争性和非排他性的程度进行分类,可以将其分为纯公共产品和非纯公共产品。农村纯公共产品是指具有完备的非竞争性和非排他性的农村公共产品,包括大江大河的治理、义务教育、农村行政管理、农村社会救助、自然灾害救助、医疗保险、养老保险、公共卫生、农业基础性科学研究、农地制度、农业资源和环境保护(包括森林保护、防沙治沙、水文水质水土资源管理等)、防汛岁修抗旱、动植物品种改良、农业生物与气象灾害控制等;农村非纯公共产品是指部分地具有不同程度的非竞争性或非排他性的产品,它又包括两类:公池产品①和俱乐部产品②。公池产品是具备非

---

① 毛寿龙:《公益物品供给中的热点问题:理论、现实及其政策逻辑》,http://www.wiapp.org/2006/12.httm,2006 年 12 月 13 日。

② James M. Buchanan. An Economic Theory of Clubs,Economica,1965,(32):1-14.

排他性和竞争性的一类农村公共产品,例如住宅用地、农业生产用地、池塘等集体公共资源;俱乐部产品是指具备排他性和有限的非竞争性的一类农村公共产品,这类产品容易排他,并且排他的经济成本也很低,例如小型农田水利设施、农村合作组织等①。

(一)日本农村公共产品的供给

日本财政支农资金规模大,日本政府对农业的支持力度和保护程度是发达国家中较高的。日本财政支农投入主要用于土地改良、农业基础设施建设和发展农业科技等农村公共产品的供给上。

1.日本农村公共产品供给的发展历程

19世纪80年代至20世纪初期是日本工业化的初期阶段。这一阶段日本的农业剩余流入工业,70%以上财政支出投向工业部门。虽然日本征收高额农业税的来攫取农业剩余,但是还积极通过推进农业技术进步并大力推广、兴修农田水利等方式来扶持农业生产,以此来保证农业不断增长。20世纪初期至40年代,日本进入工业化发展中期阶段,这一阶段为了使工农业平等发展,日本政府采取了一系列措施,如:减轻农业税、进行农地改革、增加对农业的投资、提供农业信贷资金以及促进农业协同组织的发展等措施。另外,这一时期,日本政府继续促进农田水利建设的发展和农业科技的进步与推广。但由于日本政府推行军事扩张政策,财政支出也主要用于军事工业和军队,对农业的支出也不多。第二次世界大战以后,20世纪60年代初,日本进入工业化发展的后期阶段。1961年,日本颁布《农业基本法》,这是日本工业剩余开始回流农业的标志,政府对农业的财政支出加大,出现了中央政府农林渔业财政支出在财政总支出中的比重大于农林渔

---

① 无论是公池产品还是俱乐部产品,其非竞争性均具有一个临界点,在达到临界点之前,具有消费的非竞争性,超过临界点以后则具有消费的竞争性。

业产值在国民生产总值中比重的局面[①]。

2. 日本农村公共产品供给的特点

(1)农村公共产品供给范围广

日本农村公共产品供给包括农业生产领域、流通领域和生活领域,具体包括基础设施、公益事业、甚至文化、教育等方面。

第一,农业基础设施。农业基础设施建设主要包括农地的建设、为适应农业机械化的农村道路的建设和网络化、为避免工业污染保证高质量农产品的农业新水源开辟、水环境治理和为改良土地进行的排水灌溉、土地平整、土地开垦等基本建设。这些建设依照工程性质和规模大小,分别由中央政府、地方政府和农户共同投资建设,大型农业工程建设直接由政府负责投资兴建,小型农业工程建设由农民及农村合作组织负责投资,但政府提供补贴,补贴占全部费用的比率在80%左右,有些甚至可达90%。农民联合购买现代化机械设备或其他生产资料则由政府给予补贴,20世纪70年代以来,日本对农田基本建设项目的财政投入占整个农田基本建设投入的90%[②]。

第二,农村义务教育。日本政府实施农村与城市一体化的义务教育财政体制,目前,日本农村义务教育经费由中央、都道府县和町村三级政府共同分担,中央财政通过国库支出金和地方交付税等转移支付手段对农村义务教育经费进行财政补助。日本的中小学主要由市町村政府设立,上级部门即都道府县政府会给有困难的市町村必要的经费补助。在振兴偏远地区农村的教育上,日本通过颁布法律,如《偏远地区教育振兴法》、《孤岛振兴法》等,明确各级政府的任务,从而提高对偏远地区教育公共产品的提

① 王朝莱、傅志华:《"三农"问题:财税政策与国际经验借鉴》,经济科学出版社2004年版,第65—66页。

② 匡远配、汪三贵:《日本农村公共产品供给特点及其对我国的启示》,《日本研究》2005年第4期,第49—54页。

供。在农村还设有社会教育设施，如图书馆、青少年之家、文化中心、博物馆、妇女教育中心等社会教育设施，为农村社会教育的普及和发展提供了优越的硬件条件。

第三，农业科教和技术推广。日本政府对农业教育、农业科学技术开发和推广都很重视。国家设有农协中央学院，各地方有41所农协大学及各种研修中心，农协有完整的教育体系来培养农协人才，日本的农协类大学对从事农业经营者提供必需的贷款，并优先到国外进修，学生的学费、教材、住宿费全免，伙食费由学生负担一部分，一部分由社区及农业团体发给奖学金。日本实行的主要是政府统一组织和指导的农业技术推广体系，在全国都建有国立和公立科研机构、大学、民间企业三大系统组成的农业科研体系。日本中央财政、各都道府县均有农业科技专项预算，农业推广经费由中央和地方共同分担的、经费由两大部分组成：一部分为专项经费、中央和地方政府各按一定比例分摊，另外就是根据各县特殊业务需要而提供补助经费，要求提供相应的配套经费。日本把全国分为9个区，在每个区设立地方农政局，负责监督和指导都道府县的农业技术推广工作及发放推广经费，2000年前后，日本政府和地方政府的农业科研经费占农业国内生产总值的2.2%左右①。

第四，农村社会保障。日本农村社会保障制度是在实现农村城市化和农业现代化的过程中逐步建立和完善的。城镇和农村居民享受的保障制度类型相同，日本的农村社会保障项目有以下几类：一是国民健康保险。承担国民健康保险的保险运营主体为地方政府，国库补助保险费为50%，被保险者个人及其被抚养的家属负担实际医疗费的30%；二是基础养老金，国库负担1/3、其余来自被保险者缴纳的保险费；三是农村公共援助，日本建立起

---

① 国际交流服务中心：《日本农业概况》，中国农业外经外贸信息网 http：www. cafte. gov. cn，2003 年 6 月 6 日。

了覆盖全体国民的"最低生活费"保障体系,具体涉及生活、教育、住宅、分娩、医疗、丧葬等,其经费来源为国库补助3/4,都道府县与市盯村分别负担其余的1/4;四是农村福社,包括农村居民的公共医疗卫生与健康保健和其他公共福利设施等,按2002年的标准计算,各种公共医疗保险机构共同负担66%,国家财政负担约23%,都道府县与市盯村分别负担5.5%左右;五是农业灾害保险,农业保险基金由农民投保保费和政府补贴各占50%组成,基本覆盖了农村居民所面临的各种风险[①]。

(2)充分发挥农协在农村公共产品供给中的作用

农协是集农业、农村、农产三类组织为一体的综合社区组织,是农户保护自己的利益而组织起来的群众性组织。几乎所有的农户都参加农协组织。农协为农民提供的各种服务,其农村综合服务几乎涵盖农村的各个领域。第一,指导农业经营。农协对组合成员的生产项目、生产规模及时予以指导,以免农户盲目生产,包括土壤改良、引进良种、农药施用、栽培技术、市场信息、标准化生产等以及传授、推广本地和外地的先进经验等;第二,供应农业生产资料。采取预约订购、送货到户的办法来帮组农民购买农药、化肥、农用薄膜、饲料、民用煤气农业机械等;第三,销售农副产品。对农户生产的农副产品实行无条件委托贩卖,畜牧、园艺、果蔬、粮食、奶类等主要农产品约70%以上是由农协经营的,其中小麦、大米、牛奶等产品达到90%以上;第四,提供农村金融服务和农业保险服务。农协信用事业是以接受组合员的存款,向组合员贷款为基础的,主要用于有利于组合员的各项事业;第五,提供信息服务。基层农协将收集到的农户生产信息、生产资料供应信息以及各种农副产品销售信息传递给县联合会和中央联合会,上级联合会经过汇总分析后再通过农协信息网向下传递,直至农

---

① 匡远配、汪三贵《日本农村公共产品供给特点及其对我国的启示》,《日本研究》2005年第4期,第49—54页。

家。据统计,日本农民有关生产方面的信息71%来自农协系统,而有关生活方面的信息有59%来自农协[①];第六,提供设施设备事业。农协统一建设和购买大型的设施设,如联合收割机、大型拖拉机、大米加工设备、农机维修站、农用仓库、文化娱乐中心、加油站等供农协社员有偿使用。第七,开展老年福利活动、农协组织农协成员到高龄者家里帮助做家务,照看老人,建造特别养老院,培养家庭服务人才及建立自发性互助组织。日本政府在法律、经济等方面加强对农协的支持。

(3)农村公共投资具有多渠道、多层次性

日本农业资金的投入渠道有:一是中央政府主要是对建设项目进行财政拨款及贷款,目前日本政府每年拨款大约10亿日元对农业进行补贴。补贴主要有六种方式:农地整治补贴、水利建设补贴、基础设施补贴、农业生产资料购置补贴、农业结构调整补贴和农贷利息补贴。其中中央补贴50%,县级财政补贴25%;二是为农民提供低息贷款,来解决农业资金短缺的问题。对用于农业机械化、水利化、化肥化等设备设施的购买和维修改良,实行7年低息贷款,农协开展的低息贷款业务则由国家进行利息补贴。三是各级农林渔业金融公库投入农业固定资产,用于农林渔牧业的基础建设,实行20年低息贷款(利率5%左右);四是利用地区开发金融发放贷款,以促进特定地区的产业发展为直接目的,贷款对象限定于特定地区的企业或法人;五是发行债券,用于公共设施的建设。

(4)建立了完善的农业生产、销售和农业科技信息服务系统

日本的农产品市场信息服务主要由农林水产省统一管理,由统计情报部、协同组合检查部负责综合农业经济分析、趋势分析和农产品质量安全信息工作,综合食料局国际部负责国际农产品

---

① 艾云航:《日本农协的发展历程和运作方式》,《世界农业》2000年第10期,第47—48页。

贸易与市场信息的收集、分析,同时分管与世界贸易组织有关的事务。日本的农业市场信息服务系统主要由两个系统组成:一个是由"农产品中央批发市场联合会"主办的市场销售信息服务系统。日本现在已实现了国内 82 个农产品中央批发市场和 564 个地区批发市场的销售量及海关每天各种农产品的进出口通关量的实时联网发布,农产品生产者和销售商可以简单地从网上查出每天、每月、年度的各种农产品精确到公斤的销售量;另一个是由"旧本农协"自主统计发布的全国 1800 个"综合农业组合"各种农产品的生产数量和价格行情预测系统。凭借着两个系统提供的精确信息,每个农户都对国内市场乃至世界市场了如指掌,并可以根据自己的实际能力确定和调整自己的生产品种及产量,使生产处于一种情况明确、高度有序的状态。同时,日本也重视以信息技术作为载体的农业科技推广,日本现已将 29 个国立农业科研机构,2381 个地方农业研究机构及万 70 个地方农业改良普及中心全部联网,271 种主要农作物的栽培要点按品种、按地区特点均可在网上得到详细的查询,其中 570 个地方农业改良普及中心与农协或农户之间可以进行双向的网上咨询,另外日本于 1997 年制定了"生鲜食品电子交易标准",建立了生产资料共同订货、发送、结算标准,并对各地的中央批发市场进行电子化交易改造[①]。

(二)澳大利亚农村公共产品的供给

澳大利亚经历了 200 多年的开发史,现已成为世界上经济发达的农业大国之一。澳大利亚政府十分重视农村公共产品的供给,其供给内容主要包括以下几个方面:

1.政策类公共产品

澳大利亚政府为了稳定农民的收入,针对其旱灾多的问题,

① 黎香兰:《借鉴发达国家经验,建立适和我国国情的农业信息化服务创新体系》,《农业网络信息》2006 年第 2 期。

制定了缓解旱灾的政策,其主要内容有:帮助农民实施风险管理,通过收入平等保证金和农场管理债券,让农民按照公共管理计划把农场的收入储蓄起来,以备农场需要时抽回资金;实行收入平均税方案,确保农民与那些有稳定收入的人以同样的税率交税;对于遭受特大旱灾的农民提供福利补贴,另外,政府还通过加强财政政策与金融政策的配合,支持农业的发展。

2.交通运输等基础设施类公共产品

在澳大利亚农业发展的过程中,政府十分重视交通运输的发展。澳大利亚不仅在人口集中、繁荣富庶的沿海地区有发达的公路网,就是在人口稀疏、偏僻的农村和山区,汽车也能畅通无阻。发达便利的交通运输,使得农牧区的水果、蔬菜、活畜及食品可以通过公路运往城市,城市的工业产品通过公路运往农村,这不仅加大了国内的有效需求,也加强了城乡之间的信息交流:使农民活动的区域更加广泛,加大了农民的就业机会,这有利于农业的发展和农民收入的增加,也有利于缩小城乡之间的差距,可以说,澳大利亚政府对公路交通这一公共产品的投入是促进澳大利亚农业发展的一个重要因素。

3.农业教育、科研和技术推广

澳大利亚政府非常重视农业的科研推广和农民的职业教育培训。澳大利亚政府组织建立了完善的农业科研体系,由三个层次组成:一是全国性的联邦科学与产业研究组织,主要进行理论性较强的研究;二是各州农业部所属的科研所或实验站,主要研究和解决生产中存在的实际问题;三是高等院校杯侧重于基础研究,在农民的教育培训方面,澳大利亚政府还根据农业发展的需要,委托不同院校和培训机构对农民进行多种形式和内容的培训,不断提高劳动者的综合素质。目前,在澳大利亚,具有大学文化程度的农业科技人员占农业从业人员的比重已达到31%。农民不仅不会失业,而且较高的农业劳动生产率也给农民带来相当高的收益。

在农业技术推广方面,政府机构主要由州农业局承担,局内设乡村事业发展总部,统管农技推广工作。澳大利亚在应用农业新技术方面发展很快,包括卫星追踪天线系统、农用电子计算机系统以及基因工程技术等已广泛用于农业生产和农场经营中①。

(三)韩国农村公共产品的供给

20 世纪 70 年代开始,韩国政府发起了以"勤勉、自助、协同"为基本精神,以"脱贫、自立、实现现代化"为根本目标的新村运动,来改善农村生存环境和生产条件,进而向现代化生产方式和生活方式迈进,取得了令人羡慕的经济效益和社会成就。虽然韩国的"新村运动"主要由农民进行,但政府在其中发挥了重要作用,政府不仅是发动者、引导者,而且在不同阶段提供财政支持、管理和规划方面的帮助②。在"新村运动"中,新村建设的资金来源渠道主要有两个,一是政府投资,二是村庄集资。政府投资在总投资额中的比例是很高的,韩国政府在资金投入上扮演着重要的角色。

韩国政府在农村公共产品供给问题上注意从改善农民生活条件入手,1970—1973 年,韩国政府重点改善农村居民居住条件和公路、桥梁、水利、电力等基础设施。而随着农村社会经济文化水平的不断提高,对农村公共产品的需求层次也在提高,低级公共产品向高级公共产品演进,在 1974 年以后,农村公共产品供给更多地集中于农村经营模式、农村流通市场、农村教育、农村社会保障等方面③。主要包括以下几个方面:

1.改善生活环境方面

改善和建设农村道路、住宅、电力系统、电信、自来水等基础

---

① 陈柏槐、峨雄武:《世界农业发展大趋势》,湖北科学技术出版社 2001 年版,第 122 页。

② 《日韩财政支农经验》,《中国经济时报》2003 年 1 月 16 日。

③ 刘会柏:《论韩国新村运动对我国农村公共产品供给的启示》,《商场现代化》2007 年 3 月(中旬刊),第 238—239 页。

设施，以及为农民安装电灯、电话、修建公用水井、农村公共澡堂、洗衣房、图书阅览室等，以改善生存条件、提升生活质量。目前，韩国大多数农村已基本进入了住房砖瓦化，村村电气化，交通网络化，教育普及化的阶段。从 1970 年到 1980 年，韩国政府财政累计向新村运动投入 2.8 万亿韩元，参加新村运动人数累计达 11 亿人次，效果明显。全国农村共架设了 65000 多座桥梁，各村都修筑了宽 3.5 米、长 2—4 公里的进村公路。到 70 年代后期，除特别偏僻的农村外，全国所有村都能通车。1970 年全国 250 多万户农民中有 80% 住在稻草房中，1977 年全部农民都住进了瓦片或彩钢顶的房屋，新铺自来水管道 4440 公里，建设新村会馆 35950 座，1978 年，全国 98% 的农户装上了电灯，目前全国农村都已实现了电气化①。

2. 改善生产条件和扩大收入来源方面

完善灌溉系统，治理河流，开发农业用水，修筑农用道路，采用新的生产技术，实现农业机械化，调整农业生产结构，开展多种经营，实行专业化生产，以及兴办农村副业，投资兴建批发市场，加强流通服务城市化的建设，提高农民收入水平。韩国政府在新村运动中采取的在农村修建桥梁、公路等做法降低了农民的运输成本，设置公用积肥场和搞"集团栽培"也使农民的生产成本大大下降。新村运动对耕地的治理以及水利设施的兴建使农村生产的自然风险大大降低，同时，在推广"统一号"水稻过程中采取的保护性财政补贴政策控制了农业生产的社会风险。

3. 注重农村的可持续发展，大力发展环境友好型有机农业

20 世纪世界农业拼命追求农产品和纤维原料的增产，导致农产品的大量过剩和积压，引发世界农产品贸易秩序的混乱和资

---

① 拓宏伟、梅良勇：《"建设新乡村运动"与韩国经济的腾飞》，《徐州教育学院学报》2000 年第 3 期。

源的流失,环境急剧污染,生态遭到严重破坏。对每个国家来说,环境亲和型有机农业不是一种人为选择,而是必然的发展趋势,是不以人的意志为转移的。韩国政府首先通过立法确立环境亲和型农业的地位、职能和作用,于 1997 年制定《环境亲和型农业育成法》,2001 年修订,并建立和改进相关的组织机构和认证制度,积极扶持有机农业,加强标准化管理,韩国农渔业对策委员会于 2005 年 2 月组建环境亲和型政策协议会,正式组织开展系列活动,2005 年 3 月 31 日,韩国农林部在农村振兴厅举办了由 900 人参加的"环境亲和型有机农业专题研讨会"。韩国的环境亲和型组织有 30 多个,有机农业产品的市场规模达到 6000 亿韩元,而且每年以 7% 的速度增长,韩国把标准化的概念引入环保型农业。把无公害农产品分为四种,即:农药残留量在标准 1/2 以下的"低农药农产品"、不施农药的"无农药农产品"、不施农药和化肥超过一年的"转换期有机农产品"和不施农药和化肥超过三年的"有机农产品"。每一种农产品都有具体、严格的认证标准,认证制度已全面开始实施。据调查,80% 以上的顾客表示欢迎,74% 的顾客认为有生产履历的产品价格即使贵 5%—10% 也愿购买,通过加大有机农业新技术的:培训力度不培植有机农业示范户,发展生物技术和环境亲和型农业相融合的有机农业,提高农产品的附加价值,增加农民收入,这是新世纪韩国农业发展的又一新特点和新亮点①。

4. 积极推进新农村建设的制度化进程

包括发展农村义务教育、农业科技教育、改进食住习惯,倡导学习文化,培养互助协作精神等,宣扬健康的社会意识。韩国农村基础教育的管理体制独具特色。韩国 1949 年制定的《教育法》明确规定实施小学义务教育,到 2002 年才在全国范围内实施了

---

① 李水山:《韩国新村运动的经验和教训积极发展环境友好型有机农业》,光明观察刊发 http://guancha.gmw.cn,2005 年 12 月 3 日。

初中义务教育。在普及义务教育过程中,韩国实行了先偏僻山区、农村,后城市的政策。国家优先投资偏僻、贫穷地区的教育,大中城市的教育主要靠地方和私人来办。为保证偏远地区的教育发展,韩国专门制定了《偏僻、岛屿地区教育振兴法》。韩国在财政紧张的情况下,首先在贫困地区实行免费的义务教育然后再逐渐推广到全国的这一措施后来被许多发展中国家所效仿,如对偏远地区实行拨专款进行补助的"教育优先区制度",对低收入家庭的学生提供足够其学习的奖学金,或者对贫困家庭直接发放"教育代用券"等。为使农村的自然部落转变为自然循环型和环境亲和型农村,最主要的课题是当地农民的主动参与和建设,因此,建立了农民自治的组织机制,培养农民的自我管理能力,确保农民自主设计、管理和运营。如:全罗南道为培养环境亲和型有机农业的精锐人才 CEO,自从 2005 年在全国首次举办"全罗南道生命农业大学",根据全罗南道农业技术院介绍,"全罗南道生命农业大学"是为了提升绿色全罗南道的形象,及早落实发展环境亲和型农业而成立,教育目标是培养环境亲和型农业的实践及教育的意志强,具有指导能力的当地农民,使其成为先导农民,开设的课程为环境亲和型有机农业的理论与培养体系结构合理的最高教育培训课程。尤其值得指出的是邀请国内外最高水平的专业讲师,以增加农民收入为宗旨的风险农业、高科技农业理论与实习相协调,注重现场实习、体验教育培训和参与式学习。为培养环境亲和型农业的骨干,韩国首家环境亲和型大学于 2005 年 3 月在忠清南道洪成郡(音译)成立,学校学期 1 年,教学计划每周 1 次 3 小时课程、农忙期间的远程教育、4 天的现场教育和 3 天讨论与发表组成,有农业基础课程、环境亲和基础课程、环境亲和市场课程和农村开发 4 个课程①。

---

① 李水山:《韩国新村运动的经验和教训积极发展环境友好型有机农业》,光明观察刊发 http://guancha.gmw.cn,2005 年 12 月 3 日。

5.改善医疗服务条件,减轻农民医疗保险费负担

韩国 1988 年以后,逐步在农村实行了强制性医疗保险,覆盖 90％的农村人口,其余 10％贫困线以下的农民由政府提供医疗救济。新村运动之后厂韩国经济发展很快,到八十年代末,韩国城乡居民收入差距较小。韩国农村医疗保险经费筹集结构是,农民家庭支付 50％,政府支付 50％。法律规定医疗服务实行逐级转诊制度①。

6.韩国政府重视农村经济信息服务建设

韩国政府已经出台政策减少不同产业、不同地区和不同收入阶层之间的信息差距。为了加强农业信息基础设施建设,政府资助农民购买计算机,农林渔信息服务部折价将计算机卖给农民,改善农村通信网络,在农村建立信息超高速公路,并对农民进行培训,包括如何使用计算机、商业应用软件、因特网和通信技术以及农场管理软件。

(四)国外农村公共产品供给的经验借鉴

从对各国农村公共产品供给状况来看,我国农村公共产品的供给水平与国外发达国家有着较大的差距,某些方面甚至还低于世界平均水平。在科教供给方面,在发达国家几乎所有的农民都接受了初等和农业职业技术教育,而我国农业劳动力中文盲半文盲约占 20％。因此,增加农村公共产品的供给,自然成了我国广大农村、农民和农业发展的迫切要求②。通过前面对几个具有代表性的国家在农村共产品供给问题上所采取的政策措施的介绍可以看到,这些国家的经济发展水平的不同,资源禀赋的不同,各国农村公共产品的供给有着各自的特征,但他们也存在着一些共同之处,从而反映出在市场经济条件下农村公共

---

① 《农民日报》记者:《国外农民医保模式与启示》,《农民日报》2006 年 7 月 6 日。
② 胡拓坪:《乡镇公共产品的供求矛盾探析》,《农业经济问题》2001 年第 7 期。

产品供给的一般要求。我们可以从中获取不少有益的启示：

1. 农村公共产品供给主体在工业化中后期一般以政府为主

在工业化中后期，在农村公共产品供给中，中央政府往往发挥着主要的作用，中央政府在农村公共产品政府供给中占有主要地位。绝大多数国家的政府在供给农村公共产品时是以公共财政为基础的。在农业公共产品供给中，美国联邦政府直接拿钱支持农业基础设施建设、农业教育、科研、科技推广和补贴；引导各州和地方支持农业发展；利用财政资金吸收大量的社会资金支持农业等。日本政府财政直接投资兴建大型的水利工程，对于其他农田基本设施，中央政府提供总费用45％的财政资助，地方政府承担50％，农户只承担5％的费用。英国政府对建设与农业有关的工程设施和公用设施，如水利工程、供电网、农场之间的交通网及田间排水供水等设施，都给予总费用2/3的财政补贴。农村社会保障的供给，政府财政支持仍是不可缺少的基础，加拿大联邦政府和省政府向农场主提供养老保险基金保费补贴[①]。日本政府对"国民健康保险"基金的财政投入较大，约占医疗保险总费用的32％—35％。从国际经验来看，无论是发达国家还是发展中国家，基本上都是由中央和地方政府共同负担初等教育的大部分费用，特别是中央和省级政府往往承担了更大的责任，许多国家支持基础教育，对农民扫盲和农业职业技术教育，农村妇女、儿童培训提供补贴。在日本、澳大利亚、法国、墨西哥、西班牙、英国等国，中央政府投入占整个基础教育投入的比重大致是20％—80％，在新西兰、爱尔兰、意大利、荷兰、韩国等国，基础教育投入中超过80％的资金依赖于中央政府，有的甚至完全依赖中央政府[②]。

①　度国柱、朱俊生：《国外农民社会养老保险制度的发展及其启示》，《人口与经济》2004年第4期。

②　苏明：《中国农村发展与财政政策选择》，中国财经出版社2003年版，第414页。

由此可见,通过公共财政支出提供农村公共产品是国外绝大部分国家的共同做法。为了有效地为农村提供公共产品,解决三农问题,扶持农业发展,帮助农民增收,建设新农村,我国也要采取以政府为主的农村公共产品供给方式,特别是中央和省级政府应承担更大的责任。

2.在政府为主导的农村公共产品供给的前提下,鼓励非政府组织和农民积极参与公共产品的供给

国外农村公共产品供给主体主要有:各级政府、政府支持和资助的农业机构、非营利性的社会中介组织和农民自己组织起来的农业合作社、农业专业协会等组织。如美国、日本、韩国等国家一方面政府投入大笔财政资金,用于农村公共产品的供给,另一方面政府通过优惠政策鼓励公共事业机构和民营部门投资建设或改善农村基础设施,以此来提高农村公共产品的供给质量和水平。政府通过合同承包、特许经营等方式把公共产品交给私人企业生产。在公共产品供给制中引进市场机制和竞争机制,借助市场机制来吸纳的资源,既能最大限度地实现有效供给,又能减轻政府负担,简化政府的内部管理成本,从而提高公共物品的供给能力和供给效率。

我国长期以来农村公共产品供给不足,缺口太大,仅依靠政府的财政资金显然不能满足需要,因此,可以借鉴国外的做法,鼓励和引导社会资金进入农村公共产品的供给领域,一方面弥补财政资金的不足,另一方面形成一个竞争环境,提高农村公共产品的供给效率。

3.在农村公共产品的供给过程中重视农民的需求与参与

尽管世界各国农村公共产品的供给结构、体制、发展道路及供给模式各不相同,但是,国外农村公共产品供给大多是根据农民的实际需求来运作。国外农村公共产品供给的决策一般是自下而上的,民意上传渠道通畅,比如可以通过投票表决的形式,或

者通过工会、行业协会等多种组织形式表达自己的需求。这种决策机制使政府所提供的农村公共产品能够真正满足农民的实际需要。各国政府把发展农业协会、行会、合作社等农民专业合作组织作为国家支持和保护农业的重点,作为维护和实现农民合法经济权益,促进农民增收,提高农业竞争力的一项重大举措。政府通过组织、财政、法律上的各种措施,支持建立和发展这些农民组织,通过农民组织这个渠道鼓励农民自治,形成农民互助、互救机制,保护农民的合法权利,保障农村公共产品供给,从而缓解农村经济社会发展滞后的矛盾。如日本农协的综合服务几乎覆盖了全国农村的各个领域。农民协会的建立不仅使组织起来的农民能有效有序地表达自己的利益需求,确保在法律范围内维护其合法权益。而且可以通过农民协会这个载体参与同政府的对话,来制衡基层政府的权力滥用,抑制公共产品的"强制性"供给"。

农民的积极参与是有效供给农村公共产品的前提,而我国目前的自上而下的供给决策机制压抑了农民的积极性,借鉴国外的供给经验,我国应积极改革农村公共产品供给的决策机制,充分调动农民的积极性,让农民在建设自己的家园时有充分的话语权。

4.政府所供给的农村公共产品的种类和数量呈现出明显的层次性特征

尽管各国政府或者是一国政府在不同发展阶段的经济发展水平和财力不同,所供给的农村公共产品的种类和数量也不尽相同,但仍存在着一定的规律性,这就是随着经济发展水平的提高和政府财力的增加,政府所供给的农村公共产品呈现出由低层次向高层次发展的趋势。在经济发展水平低的国家或者是一国经济发展水平低的阶段,政府首先供给满足农业生产基本需求的公共产品,主要有道路、桥梁、水利设施、生态林网、电力、大型农具等,韩国在"建设新乡村运动"的试行推广阶段,由于政府财力有限,政府只出启动资金,用于村庄的公用事业,扩展进出村庄道路、架设小型桥梁、改良农家住房房顶改良水井、建立公共浴池、改筑小河堤防等。随着经济发展水平的提高,政府逐渐加大对农民生活所需的农村公共产品的供给,包括公共治安、公共医疗、教育、休闲娱乐、社会保障,农业信息服务等等。而当农业生产过剩之后,就转向保证农民收入、限制农业生产、调整和优化农业生产结构、发展规模经营、鼓励生态保护和资源永续利用等方面的农村公共产品的供给,更加重视教育、科技与推广与信息服务,美国政府资助建立起农业教育、科研和技术推广"三位一体"的体系,注重农村生态环境保护,如水资源、森林资源、土地资源等的保护,严格控制污染物的排放,投入大量财政资金,研制并推广使用低毒甚至无毒农药、生物农药,严格控制水土流失面积,使农业发展建立在可持续基础上。

由于我国目前的农村公共产品供给严重不足,那么,要有效的供给农村公共产品不是短时间内能够完成的,而应是一个长期的持久战,因此,我们可以借鉴国外的做法,按照各方面的财力状况和条件,尤其是政府财力的状况,分层次分阶段逐步改变目前农村公共产品供给的落后状况。

第四章　城乡统筹下的财政支农支出结构优化

农业是国民经济的基础,没有农业的发展,国民经济其他部门的发展是不可能的。鉴于农业的基础性和弱质性决定了财政在必要的时候对农业给予支持和保护。我国在总体上已经进入以工促农、以城带乡、工业反哺农业的历史阶段,农业的稳定发展是国民经济持续、稳定发展的重要因素。毋庸置疑,农业仍然是我国国民经济的弱势产业,农民收入增长缓慢,农村经济凋敝,农业与国民经济整体发展不协调的矛盾日益凸显。如何解决这些矛盾,促进农民增收,缩小城乡差距,是"十一五"时期乃至今后很长一段时期的重要任务。如何进一步扩大财政覆盖农村的范围,建立支农资金稳定增长机制,优化财政支出结构是当前振兴我国农业的关键。

一、财政支农的理论和现实依据

农民在抵抗自然风险和市场风险方面是弱势群体;农业的比较优势低下,吸纳资源的能力不强;农业领域存在着市场失灵。若单纯依靠市场机制的作用,资源配置将不利于农业发展。政府作为公共产品的提供者和市场秩序的维护者,应加强对其的支持和保护,弥补农业在市场经济条件下的"先天不足",为农业与其他产业的平等发展创造良好的外部条件。

(一)农业的基础地位

人类的生产活动始于农业,农业是国民经济的基础,农业文明是人类的文明的起点。农业生产"是一切社会的基础,是一切历史的第一个前提"。① 随着社会的不断进步与发展,国民经济逐渐分化成了各种产业,但是农业始终处于基础地位。农业生产提供的基本生活资料是人类社会存在和发展的首要前提,农业部门创造的剩余产品也是社会其他部门生存和发展的物质基础。农业的这种特性决定其国民经济的基础地位。正如毛泽东主席指出:"农业生产是经济建设工作的第一位","农业是积累的重要来源"。

当前,面对国际化竞争的前提下,我国更不可放松对农业的支持和保护。我国的实践已经证明,农业是国民经济发展的最大的限制因素。农业与国民经济其他部门的发展虽然不是同步的,但是总表现出相互依存的关系。农业发展了,其他部门能跟着发展,反之,如果忽视了农业发展,就要受到惩罚。世界各国的现状表明:在经济上发达的国家,一般来说农业都很发达。这些国家正是由于农业这个基础产业提供了足够的农产品才支持了整个国民经济的发展。

农业始终是安天下、稳民心的基础产业和战略产业。农业的重要性并不体现在农业的经济效益上,而是其社会效益和生态效益。农业与国家的粮食安全紧密相关,列宁说:"粮食问题是一切问题的基础"。② 农业生产和农产品市场价格的波动直接或间接影响着社会的稳定。1971 年诺贝尔经济学奖获得者美国经济学家库兹涅茨在其著作中阐述了农业具有产品贡献、要素贡献、市场贡献和外汇贡献并充分肯定了农业重要性。从历史经验看,农业发展水平较高的国家,其工业化都取得一定的成功;反之,工业化发展就受到限制和阻碍。发达国家为了保障本国经济社会的稳定发展,即使其农产品在生产过剩的条件下,仍然极为重视农业发展。当前我国农业发展滞后,发展农业势在必行。

---

① 马克思、恩格斯:《马克思恩格斯选集》(第 1 卷),人民出版社 1972 年版,第 77—79 页。

② 《列宁全集》(第 32 卷),人民出版社 1985 年版,第 435 页。

(二)农业的弱质性

农业不仅具有自然风险,而且也具有市场风险。

1. 自然风险

农业进行生产和再生长必须依靠土壤、阳光、气候、雨水等自然资源,农业产量受自然条件的约束较大。在科学技术日益发达的今天,人类靠天吃饭的局面虽然大为改观,但是农业生产依然受到很多不确定因素的影响,例如自然灾害和病虫害等。此外,农业生产具有的季节性、周期性及对耕地的依赖性,也使农业具有较大自然风险。

2. 市场风险

在完全竞争市场条件下,不论生产者还是消费者都拥有充分的市场信息。但在现实生活中,由于受到各种因素的限制,农产品的购买、销售、生产基本属于个人行为,关于消费者需要什么产品,需要多少产品及需求的变化,农业生产者不可能及时了解;即便了解,也由于农业生产周期性和季节性而无法快速调节供给。农业生产自然特点导致其市场风险的发生。因为农业的再生产周期较长、资金周转慢、外部条件差,而且农产品一般具有需求弹性小的特点,所以农业对市场信息的反映往往滞后。因此,农产品供给不足或者过剩的现象经常发生,从而造成农业生产者面对较大的市场风险。

二、我国农业发展中存在的问题

(一)国家财政支农支出总量偏低

同其他产业比较,农业是弱势产业,我国政府应该加强对其的保护和支持力度。虽然多年来我国财政支农资金总量和增长幅度大体上是呈现上升趋势,同目前农业基础地位和发展需求相比,我国对农业支持总量依然是低水平的。由表7、图2可以看出,虽然国家财政支农支出的绝对数量从改革开放以来几乎一直在增加,但在整体上财政支农支出占财政总支出的比重呈现下降趋势。目前大致在 7% 的水平,这一比重远低于 1978 的 13.43% 水平,也大大低于 1990 年 9.98% 的水平。尤其是 1990 年以来,除了 1998 年因积极财政政策增债扩支的现实需要和 2004 年为配合中央关于"三农"问题的一号文件而使得当年财政支农支出比例偶有提高外,其他各年均呈现逐步下降态势,甚至表明农业支出稳定增长的良性机制都无从保证。

表 7 改革开放以来国家财政支出及支农支出情况

年份	国家财政支出（亿元）	财政支农支出（亿元）	财政支农支出占本年财政支出的比重
1978	1122.09	150.66	13.43%
1979	1281.8	174.33	13.60%
1980	1228.83	149.95	12.20%
1981	1138.4	110.21	9.68%
1982	1230	120.49	9.80%
1983	1409.5	132.87	9.43%
1984	1701	141.29	8.31%
1985	2004.25	153.62	7.66%
1986	2204.9	184.2	8.35%
1987	2262.2	195.72	8.65%
1988	2491.2	214.07	8.59%
1989	2823.78	265.94	9.41%
1990	3083.59	307.84	9.98%
1991	3386.62	347.57	10.26%
1992	3742.2	376.02	10.05%
1993	4642.3	440.45	9.49%
1994	5792.62	532.98	9.20%

续表 7

年份	国家财政支出 （亿元）	财政支农支出 （亿元）	财政支农支出 占本年财政支出的比重
1995	6823.72	574.93	8.43％
1996	7937.55	700.43	8.82％
1997	9233.56	766.39	8.30％
1998	10798.18	1154.76	10.69％
1999	13187.67	1085.76	8.23％
2000	15886.5	1231.54	7.75％
2001	18902.58	1456.73	7.70％
2002	22053.15	1580.76	7.17％
2003	24649.95	1754.45	7.12％
2004	28486.89	2337.63	8.21％
2005	33930.28	2450.31	7.22％
2006	40422.73	3172.97	7.85％
2007	49781.35	3404.7	6.84％
2008	62592.66	4544.01	7.26％

资料来源：《2009 年中农村统计年鉴》、《中国统计年鉴》。

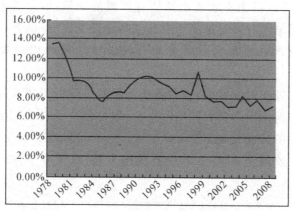

图 2　1978 年以来国家财政支农支出趋势

资料来源：《2009 年中农村统计年鉴》、《中国统计年鉴》。

从国际范围的比较来看,包括 WTO 规则规定的"绿箱"、"黄箱"政策在内的国内农业支持总量与农业 GDP 的比重,美日欧盟等发达国家在这一支持水平都在 50% 以上,各发展中国家这一比重约在 10%—30% 间。但是从 1995 年至今,我国这一指标与当年农业 GDP 之比都在 5%—11% 之间,远低于国际水平[①]。财政支农支出的不足加大了农业的弱势地位,如果不及时扭转这种状况,必会影响我国农业的长远发展。

(二)国家财政的支农支出结构及管理体制不尽合理

1.国家财政支农支出中,存在农业生产性支出所占比重太低,非生产性支出所占比重过高的现象

事业费用挤占生产性支出、行政费用挤占事业费的现象时常发生。在 2002—2004 年支农支出使用结构中的事业费用占支农支出比重分别 69.76%、64.68 和 71.83%,其他各支出项目远远低于事业费用所占的支出比例(根据表 8 计算所得)。而随着工资分配制度的改革,国家预算安排的支农资金中相当部分将被转化为涉农单位的工资,使得财政支农资金的使用效率大打折扣。[②] 我们纵向比较 1996 年至 2006 年财政支农支出的具体使用情况,可以得出支农支出结构有严重的缺陷:事业费不论是增长速度还是绝对数量都高于农业基本建设支出。(见表 8)

2.财政在分配农村救济和科技三项费用的比例关系上不够合

在促进农村发展中,农村救济与科技三项费用所起的作用存在很大差别:第一,从农民增收来看,农村救济是对生活困难中农民所采取的应急措施;推动农业科技发展可以增加农民收入,它是一种长效机制。第二,从受益范围来看,农村救济只是处于困

---

① 何广义:《金融支农:责无旁贷,现状堪忧》,2006 年中国经济报告,第 163 页。

② 傅志华、赵大全:《财政支持新农村建设存在的问题及对策建议》,《中国财政》2007 年第 12 期,第 42—44 页。

难中的农村居民的一种补贴,只有特殊的对象才会受益,它的受益范围很有限;随着农业科技大范围推广,广大农民可以从中收益。第三,从结果来看,科技的进步可以推动农业产业的发展,使人民生活大幅度得到提高;而农村救济所起的作用有限。可以说在促进农业发展中,科技远强于救济的作用,然而从表8我们可以发现,近10年科技三项费用投入远远低于农村救济费的投入。

表8　我国近几年财政支农支出的使用结构 （单位：亿元）

年份	国家财政决算支出中农业基本建设支	国家财政决算支出中农业科技三项费用	农业生产和农林数水利气象部门的事业费	国家财政决算支出中农村救济费	国家财政决算支出中国家财政用于农业的支出
1996	141.51	4.94	700.43	43.91	510.07
1997	159.78	5.48	766.39	40.36	560.77
1998	460.7	9.14	1154.76	58.9	626.02
1999	357	9.13	1085.76	42.17	677.46
2000	414.46	9.78	1231.54	40.41	766.89
2001	480.81	10.28	1456.73	47.68	917.96
2002	423.8	9.88	1580.76	44.38	1102.7
2003	527.36	12.43	1754.45	79.8	1134.86
2004	542.36	15.61	2337.63	85.87	1693.79
2005	512.63	19.9	2450.31	125.38	1792.4
2006	504.28	21.42	3172.97	182.04	2161.35

资料来源：2010中经数据库。

3.政府财政支农支出管理体制不够合理朗读显示对应的拉丁字符的拼音

目前财政支农资金在实际的投向上被分块管理,缺乏统一管理机制。我国各级政府几乎都拥有涉农部门,这些部门都在管理财政支农资金,出台一个支农项目经常会涉及多个部门都要管理的局面。由于这些涉农部门分属不同部门领导,因而在一定程度上存在条块分割、协调不够、重复投入问题。例如林业方面,发改委有生态项目、林业部门设有造林项目、水利部门有造林项目;农业科技推广涉及发改委、科技综合开发办、农业等部门。各级财政部门可以拨付支农资金,但是县级以上水、林、农等部门也可以下拨资金到下级对口部门。这样极易导致各部门多头管理、力量分散和政出多门。这种支农资金配置存在的不科学、不合理,也不利于监督和协调,造成管理成本过高。另外,按投资额度标准确定权限的农业政府投资项目,审批的制度化、科学化、公开化不够,具有一定随意性。项目管理的全过程监督不到位,导致一些项目实施效果差,没有发挥出其在农业生产中的引导作用。[①]

(三)农业发展资金严重短缺

目前我国粮食主产区多为农业大省,这些省份多处于经济起飞的关键期,工业化的任务更加繁重,政府的优先对象不是农业投入,而用于农业的财政资金紧张,农业信贷投入萎缩,耕地减少速度加快,"钱、粮、地、人"等资源矛盾更加突出,农业生产的资源配比严重失调,农业发展空间受限,从根本上限制了农民收入的增长幅度。农业投资供需矛盾突出。在向现代农业转变的过程中,经济结构调整、农业产业化、小城镇建设、反贫困、农业科技推广、农业开发和农村基础设施建设等,都需要大量的资金。但农业投资的高风险、低回报等特点,以及市场经济条件下资本的趋利性,使投资流动方向的利润导向性明显,农业所需资金无法得到保障。在政府、农民、合作组织、金融机构和有关企业等投资主体中,有能力对农业投资方向进行干预的是政府,但政府的非农

---

① 于树森:《我国财政支农问题研究》,《东北师范大学学报》2006 年第 10 期,第 34 页。

偏好和受财政实力所限,政府财政用于农业发展的份额从相当长时期看仍然有限,促进农民收入增长最重要的资本要素显然是十分稀缺的。此外,农业存量资金非农化现象严重。市场经济条件下的趋利行为,不仅使农业发展的增量资金来源受阻,而且现有存量资金的流向也发生了变化,支农资金从中西部地区流向东部发达地区,从农业流向第二、三产业。一方面农业资金投入量不足,财政支农资金不到位,农村信用社进城,银行向农村下伸网点吸储,农村公共财政资金分配和使用各环节出现截留、挪用,甚至受利益驱动造成趋利性分流,进一步放大资金供求缺口;另一方面,农村存量资金重新流入城市和非农业的逆向式分流现象严重。从全国金融机构年度统计报表可以看出,真正进入农村的资金数量是非常有限的。大部分资金下不了乡,更不用说到农户了。由于农业资金非农化的存在,使本来有限的农业资金更加减少,农民难以从农业发展中获取回报。农民投资能力有限。家庭联产承包制的推行,使农民获得了生产与经营的自主权,形成了双层经营的模式,但长期以来,双层经营中,"分"的部分强调过多,"统"的部分强调不足,村与乡集体普遍存在积累不足,加上政府支农资金到位率不理想,农民实际上成为中国农村经济微观投入的主体。然而,农民小规模和分散式经营方式,进一步决定了农民只能集中在维护简单再生产的短期投资上,如购买化肥、农药、种子、等,对于扩大再生产所需的中长期投资,包括农村基础设施建设、农村市场建设、农村科技、教育、文化和卫生体系的建立等,农户基本没有投资能力,越穷越没有投入,越少投入就越穷,如此恶性循环,使得农民收入增长速度不断放缓。

(四)粮食安全问题

粮食供给的硬约束一直是我国经济社会发展的突出难题。随着工业化、城市化的加速推进和人民生活状况日趋改善,我国粮食需求总量将持续扩张,在人口净增长达到由正变负的拐点之前,粮食供需矛盾不可能得到根本解决,突出表现在:(1)人多地少,粮食供求关系可调剂的余地比较小。从供给角度来看,由于经济高速增长,工业化、城市化进程加快,加上生态环境建设,中国耕地面积递减态势不可逆转,非农产业与农业在耕地利用方面的矛盾将会日益突出。从需求角度来看,约占中国总人口70%的农村居民主要是从粮食中直接获取热量,城镇多数居民也是直接从粮食中获取热量,肉蛋奶和经过加工转化的食品在食物中所占比重也不算高,也就是说,即使在目前粮食供求基本平衡的情况下,中国农村居民的粮食消费水平,仅仅是解决温饱问题,粮食的潜在需求还很大。(2)中国水资源不足,粮食生产的基础还比较脆弱。目前中国人均水资源仅为世界人均水资源量的30%左右,大半以上国土面积属干旱、半干旱地区,干旱、洪涝等自然灾害频繁,这些因素将制约粮食生产的增长。同时,农业基础设施薄弱,粮食生产抵御自然灾害的能力不强。历史上,粮食生产"两丰两歉一平"的经验规律受到农业基础薄弱和自然灾害频繁的影响变得不可预测,重新出现粮食短缺的隐忧没有解除。(3)粮食生产规模小,商品率低,加剧粮食市场波动。中国庞大的人口中60%多生活在农村,平均每个农户承包经营耕地只有6.3亩,是"超小农户经济"。这就决定农户生产的粮食以自给消费为主,商品率低。从全国来看,粮食商品率一般在30%左右,产粮大省部分地区也只达到70%。加上粮食市场体系发育滞后,种粮农民缺少真正属于自己的产业化合作组织,导致全国性大市场与农户分散经营的矛盾。同时,农户粮食供给具有不确定性,供粮行为的变化对国内粮食市场波动产生层层放大的重要影响,不利于国家准确分析国内粮食供求情况,及时作出宏观调控决策。(4)种粮农民收入增长缓慢,增加了粮食供给的压力和风险。近些年来种粮农民收入增长缓慢,种粮农民心态复杂,一方面他们从改革开放以来国家惠农政策中得到了实惠,没有人愿意再回到食物配给的老路上去；另一方面由于收入增长缓慢导致的城乡差距，又使每个人心中升起离土离乡或弃粮经商的强烈愿望，无论是心理上还是行为上都在摆脱狭隘的纯乡土模式的束缚，政府已经很难通过简单的制度规则把种粮农民强制固定在土地上。即使固定到这块土地上，也会寻找有较大收益的耕种方式，很少想着再从事种粮这种不增收的营生，粮食供给的压力和风险将会增大，粮农收入问题和粮食供给问题的交织，使得粮食问题成为困扰中国社会经济持续稳定发展的突出难题。(5)粮食消费的不可替代性决定了中国粮食的战略性。与其他生活资料相比，粮食消费的需求弹性小，是其他任何物品都无法取代的。对内关系到国计民生、政治稳定和社会安定，对外，在经济全球化的国际政治关系中，农产品特别是粮食产品俨然成为国与国之间争斗的政治筹码和战略武器，国家粮食安全成为国家经济安全和社会稳定的基本保障，因此，对粮食安全的投入是一项类似于国防支出的公。

三、促进我国农业可持续发展的财政支出结构优化

(一)完善农业法和增强财政支农支出力度

1.完善农业法

目前，《农业法》规定了国家财政对农业投入占农业 GDP 的比重，但由于缺乏具体可操作性的制度法规和约束机制，导致政府财政农业投入难以落到实处，应尽快制定相应的配套法规，进一步改革和完善《农业法》，明确界定"农业总投入"的含义和范围，强调政府对农业投入的责任，明确中央政府和地方政府对农业的投入范围、投入数量与比例、投入路径与方式等，并制定国家财政对农业投入可操作性的相关法规细则和工作规范。将各级政府支农行为及其农业投入的数量调控界限等一并纳入法律规范。此外，依据《预算法》等相关法律法规制定用于财政支农资金的部门预算实施细则，将财政每年对农业的预算直接落实到农业

各部门,以遏制地方财政对农业"虚投"现象的发生。

　　总之,用立法的手段约束政府的财政支农行为,建立财政支农的法律构架,建立有关加强农业和农村经济宏观调控及巩固农业基础地位、保护农业生产经营主体、加强对农业收入支持、保障农业安全、保护农业资源和环境、促进农业科技和推广等方面的法律规范,用法律调整上下级政府之间,财政部门、政府农业部门、政府农村事务管理部门等与农业财政资金使用者之间的关系,实现财政支农管理规范化、透明化,能够避免政府之间因责任互相扯皮,推卸责任,避免涉农部门和单位领导及相关人员在财政支农工作中胡乱拍板,盲目执行,违法乱纪,有利于财政支农资金的有效使用,确保财政支农资金在促进农民增收中发挥作用。

　　2. 增强财政支农支出力度

　　我国的国情决定了政府是农业投入的重要渠道,而财政对农业的投入则是政府支农的主要手段。我们要坚持"多予、少取、放活",加大各级政府对农业和农村投入的力度,扩大公共财政覆盖农村的范围,强化政府对农村的公共服务,建立以工促农、以城带乡的长效机制。考虑到农村经济的现状和农村发展的需要,今后农业财政支持政策的一个基本取向是:采取有效措施,坚持两个"反哺"的原则,逐步提高财政支农支出的总量,体现财政投入对农业和农村的倾斜。财政支农的界定是以市场是否失灵为依据,而农业生产的根本特点和农产品的特殊性质决定了农业是存在市场失灵的领域。因此,强化政府支农职能作用,增加财政对农业的投入就成为促进农业生产稳定,从而成为实现国家的农业发展目标的必要条件。为了保持农业持续丰收,实现农业发展目标,中央要求把农业放在经济工作的首位不动摇,加大农业投入力度才是真正"以农为先"政策的重要体现。因此,根据经济发展的要求和国家财力状况,在适当调整农产品价格补贴的同时,保证各级财政保证财政支农资金稳定增长。为此,应该根据我国农业发展的实际状况,适时调整国民收入分配结构和财政支出结构,适当加大财政对农业的支持力度,拓宽财政支农支出渠道,增加政府财政支农资金投入总量,遏制其占 GDP、财政总支出、财政收入等比重的持续下滑,保持投入的稳定性与长期性;按照《农业法》的要求安排财政支农支出预算,确保财政支农投入必须高于经常性财政收入增长比例。

目前,我国总体上已经进入以工促农、以城带乡的发展阶段,国民收入分配格局应该朝着有利于农业、农村和农民的方向调整。为此,要按照《农业法》的要求,使财政支农资金总量在现有水平上逐年按比例适当提高,确保财政支农资金的增长幅度高于财政经常性预算收入增长的速度。要按照存量适度调整、增量重点倾斜的原则,不断增加对新农村建设的投入,逐步形成市区县财政连续、稳定、规范的支农政策和制度,把更多的建设资金直接用于改善农村生产生活条件。

(二)调整和优化农业支出结构

随着我国经济的高速增长,财政收入也出现良好增长的趋势,但是我国仍然发展中国家,经济发展水平不高,国家财力资源也有限。因此,我国政府在增加财政支农资金的同时也必须进行财政支农支出结构的优化,以此来实现既定财政投入数量的经济效益最大化。

1.加大对农业基础设施建设的投资力度

增加财政对农业基础设施建设的投入,提高其在财政支农总支出中所占的比重。借鉴国外比较成功的经验,农业基础设施的建设,一是靠国家,二是靠农民。而从我国的基本国情和所处的反哺农业时期来看,我国农业基础设施的建设则应采取国家出资为主,农民为辅,责任分摊,农民收益的原则来进行。对于大中型的农业基础设施则必须由政府出资建设。在我国农业基础设施落后且严重不足的情况下,政府更应依法建立对农业和农村基础设施建设的投入机制,增加财政对农业基础设施和生态环境建设投入的总量,提高农业基础设施建设支出在财政支农总支出中所占的比重,切实保护和提高农业的综合生产能力,使农业基础设施建设能适应农业快速可持续发展的要求。同时,也要加大农村基础设施建设的投入力度,提高基础设施水平,为农业的生产和发展提供良好的支持。其中包括:加强农村道路交通运输设施的建设,为农产品能够走出去提供保障;更新农产品的运输工具,建立农产品冷藏供应链,保证产品质量,减少不必要的损耗,从而降低生产成本;加强农村信息化建设,对农业及农产品的信息进行全面、科学、及时的收集并提供好信息咨询服务,增加产品的市场竞争力等等。

2. 加大对农业科技三项费用的投资力度

增加对农业科技三项的投入,使其在总量和支出比重方面都要有所增加。农业生产既要利用传统农业的生产经验,更要高度重视现代化科学技术在农业生产中的推广和应用。在我国,由于农户规模超小型化,农业生产具有较强的自给、半自给性,加之,无论是自主研究还是引进开发新技术的费用都比较高,这就使得农户采用技术分摊的单位产品成本偏高,而对农业高新技术需求不足。而国家财政对农业科技的投入正是解决这一不足的有力措施。因此,调整我国的财政支农资金投入结构,增加财政对农业科技研究和推广的投入,提高其在财政农业总支出中所占的比重是我国实施科技兴农战略的迫切要求。国家财政要确保农业科技研究和推广组织资金的充分供给,来加速农业科技的创新、转化和推广,提高农业生产和农产品的科技含量,使农民真正走上科技致富的道路。

(三)吸引社会各方对农业投入的制度安排

我国对农业历史欠账太多,而县乡的财政十分困难,这种状况需要大量的资金来调整。加大财政支持力度势在必行,然而我国财力的有限,仅仅靠加大财政资金投入的力度,不能从根本上解决问题。这就要按照我国的实际发挥和重视财政支农资金的引导作用,鼓励社会力量进入农村社会发展领域,综合运用直接补助、贷款贴息、奖励促进、担保、政策优惠等方式,吸引民间资本、社会资金投入农业,以拓宽农业投资渠道。完善和发展资本市场,调动和引导各投资主体增加农业投入,加大农业利用外资、股份集资和行业内部融资的力度,探索农业资源开发和资本营运的有效形式,支持工商企业投资农业项目,逐步建立多渠道的农业投入体系。这样,以小带大、以少带多、形成合力,实现财政、投资方、农民三方受益。具体来讲,要通过有效的贴息方式增加农业政策信贷资金投入,加大对农业生产贷款贴息的扶持,实施农业生产贷款贴息,就是要改革财政支农资金使用模式,充分发挥财政支农资金的乘数效应。目前大多数中西部地方由于地方财政整体上入不敷出,实力有限,很难适应新农村建设及农村经济发展的需要,且今后农村资金供需矛盾会进一步突出。解决此问题,根本途径在于充分发挥财政支农资金的乘数效应,从战略高度重构财政支农资金运作模式。首先是农业政策性银行以信贷资金运作的形式开展在农村的投融资活动,而将财政支农资金以利息补贴和风险补偿的形式用于对农业政策性银行的支农信贷资金的经营活动补贴;其次是在财政支农资金进行利息补贴和风险补偿的基础上,以农业政策性银行为引导,广泛吸引商业银行等金融机构参与,全面开放农村金融市场;再次是农村金融机构完全以市场化商业化的方式进行对农村投融资的支持,地方政府可适当补助或充实其资本金,逐步扩大投融资机构的资金规模;最后是通过财政贴息,政府担保或组建农村协会担保,建立合理的利益诱导机制,引导金融机构参与到建设新农村中来。同时,也让农民成为市场经济的主体,把追求自身利益和幸福生活融入到建设新农村的具体行动中来,让社会各种资源在投入新农村建设中获取应得的利益和回报。

(四)保障粮食安全和粮农增收的财政支持

1. 加大农田水利基本设施建设支持力度

农田水利基本建设包括抗旱、水毁工程修复、农村饮水安全工程建设、病险水库除险加固、灌区续建配套与节水改造、农村生态环境建设等,农田水利基本建设是提高粮食综合生产能力和农业抗灾减灾能力的基础,也是当前和今后一个时期保护和提高农业和粮食综合生产能力的一项紧迫的任务。1998—2006年,中央对水利基本建设投资达2783亿元,其中用于防洪工程建设投资1706亿元,占61%。江淮骨干工程累计安排中央投资266亿元,这些防洪减灾工程体系的建设投入在一定程度上降低了农业的自然灾害风险[①]。但是,目前农田水利基础设施仍很脆弱,农业抗御自然灾害能力低,特别是在全球气候变化的背景下,极端天气频繁,灾害损失呈加重趋势。

我国现有农田水利骨干工程大都建于20世纪50至70年代,相当一部分已达到规定使用年限,老化失修严重,效益衰减,小型农田水利工程设计不完善,配套率低,欠账较多。所以现有灌区全面进行续建配套和节水改造的任务十分艰巨。与此同时,近年来,全国农田水利建设的投入呈下滑趋势,特别是逐步取消农村义务工和劳动积累工后,农民群众的投工投劳数量大幅度减少。农田水利建设滑坡,不仅直接影响当前的粮食增产,而且严重制约农业综合生产能力的持续提高。在人增地减水少的严峻形势下,提高粮食综合生产能力,保障国家战略粮食安全,就必须进一步创新机制,转变组织方式,加大农田水利建设投入,尽快建立加强农田水利建设的新机制新办法。为此,应按照全面落实科学发展观的要求,坚持统筹城乡发展的方略,切实加大财政对农

---

① 资料来源:《经济日报》2007年8月29日,第5版。

田水利建设的支持力度,以政府安排补助资金为引导,农民自愿出资出劳为主体,农田水利建设规划为依托,以加强组织动员为纽带,加快农田水利管理体制改革为动力,逐步建立起保障农田水利建设健康发展的长效机制。按照政府支持、民办公助、民主决策、群众自愿和创新体制的原则,形成农田水利建设和管理的良性运行机制。为此,需要在以下方面着力突破:

(1)调整财政支出结构,逐步向小型农田水利设施投入倾斜。财政在确保大江大河治理的同时,国家农业投资要更多向关系农民切身利益的中小项目倾斜,建立以政府财政资金为引导的多元化投融资机制和投入补偿机制,通过财政投一点、社会捐一点、农民筹一点的方式,加快小型水利建设步伐,扭转水利建设滞后局面,提高农业综合生产能力。从加强粮食商品生产基地建设的角度看,在农村税费改革后,目前对农民收取的水费成为主要收费项目,长远看,应将向农民收取的生产用水水费纳入转移支付的范围,同时对水库安排专项转移支付资金,以保证农业用水安全。

(2)加大财政投入,逐步建立农田水利建设资金稳定增长的机制。原则上,国家财政投资农田水利设施的比重与其公共品外溢程度成正比,外溢程度越高,直接投资的比重应该越大。财政应建立小型农田水利设施建设补助专项基金,对农民兴修小型农田水利设施给予补助,并逐步增加资金规模。在安排农业综合开发资金时,继续把农田水利建设作为中低产田改造的一项重要内容。调整投资结构,切实增加对农田水利建设的投入,土地出让金用于农业土地开发部分和新增建设用地有偿使用费,要结合土地开发整理安排一定资金用于小型农田水利建设。要整合国家现有的各项农田水利建设资金,加强统筹协调,避免重复安排,着力提高资金使用效率。按照中央与地方事权划分原则,地方各级政府应切实承担起中小型农田水利建设的主要责任,把农田水利建设资金纳入投资和财政预算,逐步形成适度规模。

2.建立国家粮食目标价格保护制度

对粮食实行较高水平的目标价格保护是保障国家战略粮食安全最直接最有效的方法。所谓目标价格,即政府根据粮食供求形势和种粮农民生产成本等各方面因素综合确定的"影子"价格,这个价格反映了国家对粮食生产的保护程度。称作"影子"价格,原因是国家虽然在下一个生产周期前对社会发布这样一个价格,可以影响市场预期,但不会按照这个价格直接收购,而只是与农民结算补贴的一个参照价格。无论市场价格高低,种粮农民和流通企业均按市场价格销购。当种粮农民出售粮食的市场价格低于目标价格时,差价由政府通过直接补贴弥补;反之,出售的市场价格高于目标价格时,政府不予补贴。因此,目标价格不会扭曲市场机制。这种制度与原粮食保护价制度和现行最低收购价制度相比,虽然在本质上都是一种保护价格制度,但其内在机制和政策效率有着本质的区别。按照政策效率从高到低排序,目标价格保护>最低收购价保护>原最低保护价,因此,现行最低收购价制度只是保护的过渡形式,最终还将向目标价格靠拢。这里的关键是如何确定

国家层面的目标价格水平和目标价格的保护范围。关于目标价格水平确定,一般来说,目标价格要根据国际粮价水平(期货和现货价格水平)、国内粮食库存状况、品种结构与比价关系、未来市场粮价预期和种粮农民的成本收益水平等因素综合确定,并遵循以下原则:(1)保护水平要能够达到保护种粮农民根本利益的目的,目标价格必须能够补偿农民的种粮成本并有合理的利润(社会平均利润)。(2)保护水平要兼顾城市大多数消费者的平均承受能力。(3)保护水平要与公共财政的经济实力相适应。(4)目标价格要体现季节差价、地区差价、品质差价和品种比价。特别是季节差价既可以给农民售粮时机更大的选择余地,又可以减轻政府收储压力,在一定程度上也可以减少政府按目标价格实

行保护性收购的政策成本。关于目标价格保护范围。国外对保护性目标价格收购都有一定的约束条件，一般只对与政府签订合同的农场主实行保护性收购。由于我国粮食市场是开放的，因此所有种粮农民出售粮食都应享受国家保护性收购的政策利好，考虑到地域、品种、质量差异较大，因此在实行目标价格保护时，应以主产县为最小决策单位。

3. 实行扩大农村内需导向的种粮农民收入脱钩补贴

目前的粮食直接补贴制度，无论具体补贴方式如何，在理论和实践上都还存在着重大问题，由于功能定位不明晰，将种粮农民收入补贴与战略粮食安全补贴混为一谈，把按农业税应税面积和农业税计税常产的农民收入补贴硬搞成所谓粮食直接补贴，一方面在补贴的力度和效果上难以完成收入补贴的政策目标，另一方面真正的粮食直接补贴又缺位。表面上一举多得的政策目标，在实际上，无论是促进种粮农民增收还是维护国家粮食安全，效果都不理想。为此，在前文提出实行真正意义的种粮农民综合直接补贴制度专一支持国家粮食安全的基础上，建议参考美国的灵活性合同补贴、欧盟的脱钩补贴和 WTO《农业协定》关于不挂钩的收入支持计划思路，结合新农村建设，实行旨在扩大农村内需导向的种粮农民收入脱钩补贴制度。至于农民种植何种具体作物，由农场主根据市场状况自行决策。欧盟的脱钩补贴导源于2003 年欧盟部长级会议宣布对共同农业政策改革，其中一个较大的变化就是取消之前成员国农业补贴与具体农产品及产量挂钩的做法，实行脱钩补贴。脱钩补贴的规模约占整个欧盟预算的一半。无论美国的灵活性合同补贴还是欧盟的脱钩补贴，其最大特点就是在不考虑农民是否种植农产品，也不考虑农产品的市场价格的情况下，对继续留在耕地从事农业的农民，进行旨在提高收入水平的补贴，这与国内目前按农业税应税面积和农业税计税常产核定的粮食直接补贴有些类似。WTO《农业协定》关于不挂钩的收入支持计划,是国内农业支持免除削减承诺的"政府服务计划"的一部分。在整个"政府服务计划"中,还有政府一般服务、用于粮食安全目的的公共储备、国内粮食援助、对生产者的直接支付、收入保险和收入安全网计划中政府的资金参与、自然灾害救济支付、环境支付、地区援助支付,以及通过生产者退休计划、资源停用计划或投资援助等方式提供的结构调整援助等项目。这些补贴项目中,除用于粮食安全目的的公共储备外,都与农民收入问题联系紧密,而且均与农民的生产和产量无关。

4. 降低种粮农民生产投入成本

近年来,由于种子、化肥、农药、柴油和灌溉用水等农业生产资料的价格过快上涨,在某种程度上抵销或对冲了种粮农民从粮食保护价格和直接补贴中得到的实际利益,并且还有愈演愈烈之势。这种现象所产生的后果主要表现在三个"加大",一是农资和粮食价格的剪刀差在加大;二是种粮农民增收难度在加大;三是原料、化肥生产、粮食生产、粮食价格这一市场链条的脱节程度在加大。有调查表明,2004 年以来,农资价格增长幅度比粮食价格增长高出 22.5 个百分点。原料、化肥等农资产品的涨价因素可以转嫁给粮食生产者,而粮食生产者的损失却不能转嫁给消费者,只能由他们自我消化,显然有悖市场经济规律。要有效解决这一问题,必须从几个方面下着手,一是加强农资价格宏观调控与强化监管,实行化肥等主要农资产品的限价政策,并尽量减少农资产品的中间流转环节。二是引入农业保险机制,降低农业自然灾害损失。三是进一步协助种粮农户加强粮食产后减损。四是大力发展农业合作社、农业产业基地、农业协会和农产品公司等农村涉粮经济组织,引入现代企业制度和竞争机制,顺畅粮食生产资料物流体系,切实降低农资物流成本,显著降低种粮农民生产投入成本,实现节本增收。

（五）配套措施：完善农民组织化[①]

农民组织是指以农民为主体并以服务农民、维护农民利益为宗旨的民间组织。而农民组织化也就是指农民为了更好地维护和实现自身利益而建立和加入农民组织的过程。

1. 提高农民的组织化水平

农民组织化是在农村公共产品供给中保护农民利益的有效途径，要实现农村公共产品供给由制度外供给为主向以制度内供给为主的转变，就应当提高农民的组织化水平。而农民之所以难以维护自己的利益，一个重要原因就是因为农民的组织化水平低。从农民利益的角度看，发达国家的农民组织在决定国家的政治生活和农业政策方面一直发挥着重要作用。一个典型事例就是 1965 年，戴高乐就是由于缺少农民的支持而在首轮选举中未获得半数选票（44.6%），因为他拒绝英国加入欧洲市场，这使盼望扩大出口量的法国农民大为失望。在日本，其农业人口不足全国总人口的 5%，但控制着全国 25% 的选票。现在日本全国所有农户都加入了农协，农协代表着农民的利益，政府在制定农业政策时，必须倾听农协的意见。农协在保护农民利益方面发挥了重要作用。

我国农民人数众多，但其集体行动的能力并不强。在社会发展的现阶段，存在着各种各样的利益集团，他们各自能够从社会利益总量中分到多大的份额，一方面取决于各自的社会地位和贡献，另一方面取决于他们的组织程度和影响政策的能力。在这种集团性的利益角逐中，哪个集团的组织化程度高，争取社会给予较高评价的能力强，哪个集团就有可能争取到更大的利益。由于农民居住的分散性、生产方式的封闭性、社会交往与联系的局限

---

① 　张怀雷：《对完善我国农村公共产品供给体制的剖析》，《财会研究》2009 年第 11 期，第 9—11 页。

性、思想观念的保守性等等,他们并没有形成一个紧密的利益集团,人数众多的优势被组织程度的松散所抵消,因而表现出的群体力量十分微弱。也正因为农民组织化程度低,因而降低了农民与政府谈判的能力,其利益诉求得不到重视,导致农民利益经常受到侵害。我们提出应当建立"自下而上"的农村公共产品供给决策机制,即由农民拥有公共产品供给的决策权,需要什么样的公共产品、需要多少公共产品都由农民自己决定。显然这种决策机制能够保护农民利益。而如何建立这种决策机制呢?重要的一点就是提高农民的组织化水平。因为农民对于农村公共产品的需求会因为地区、经济发展水平、家庭收入、个人偏好等而有所不同,即使同一村庄内部的村民对于公共产品的需求也往往是不同的。多样化的需求如果不加以整合,则必然影响公共产品的供给效率。而整合农民意愿的重要途径就是提高农民的组织化水平。这实际上也就是温铁军所讲的,只有不断提高农民组织化程度,农村有组织载体,才能对接上国家财政资金的投入。

2.提高农民组织化水平的途径

目前,村民自治组织仍然是农民维护自身利益的主要依托,也是最重要的农民组织。并且,相比于其他农民组织,村民自治组织的发展更具有合法的制度空间。因而,提高农民的组织化水平,首先应该充分发挥村民自治组织的作用。村民委员会是农民自我教育、自我管理、自我服务的组织,其主要任务是举办村庄内社会公益事业。根据当前村民自治发展的现实情况,村民自治组织应强化其自治功能,弱化行政功能。农村税费改革的实施,特别是农业税的免除,使村民自治组织所承担的行政职能大大减轻,这为恢复村民自治组织的应有职能提供了良好的契机。要进一步推进村民自治的成长,需要从国家和社会两个向度加以创新。首先,从国家的角度,作为国家赋权的村民自治的成长,需要自上而下的行政放权,提供体制性成长空间。其次,从社会的角度,村民自治的成长取决于农村公民社会的发育。同时,应当进一步完善村民自治制度的相关措施,如村民代表大会制度、村务公开制度等等。

3.正确发挥政府在农民组织化中的作用

从国家与社会的关系来讲,政府控制与农民组织发展往往是此消彼长的关系,如果政府控制紧密,那么则农民组织发展便会困难。因而,政府不能强化对农民组织的行政控制。但同时,在农民组织化的过程中,政府也不能完全地退出,而是应在实现自身转型的过程中,积极地支持、规范、引导农民组织发展。(1)要支持农民组织发挥在农村治理中的作用。例如,鼓励和支持农民组织参与农村治理,有效地改善农村治理结构,政府与农民组织共同解决、处理农村社会中的矛盾和问题。要鼓励和支持农民组织参与农村的某些公共服务。(2)善于处理农村发生的各类冲突,降低农村社会风险。政府应从广大农民利益出发,依靠农民组织缓解社会矛盾,减少社会冲突。(3)制定并完善关于农民组织建设的相关政策法律,通过法制建设,保障农民组织的合法地位,为农民组织发展提供合法的生存和发展空间,解除农民组织发展的后顾之忧,这是积极发挥农民组织作用的基础和保证。

最后需要指出的是,在农民组织化的过程中,应充分体现农民的意愿,使农民组织真正成为农民自己的组织,而不是具有所谓"官民二重性"的政府工具。这就需要消除外部力量对农民组织的控制。但这并不是说让农民组织完全自生自长,因为在目前中国农村民间权威资源稀缺的情况下,农村民间组织难以在现有的政治和法律框架下大量自发地产生。这就需要借助外界的力量打破村庄原生态的权力结构,来推动民间组织的建立。在此基础上,再以民间组织的力量服务农村公共生活,实现民间组织由"外生"到"内源"的转变。

第五章　统筹城乡义务教育发展的
财政支出结构优化

统筹城乡发展是科学发展观的基本要求,而城乡义务教育均衡发展又是统筹城乡发展的重中之重。目前,我国城乡义务教育发展的主要问题在于基础教育差距较大,在城市基础教育已经比较完善的同时,农村基础教育面临着经费紧张、教学质量低等一系列问题。为此,政府应着眼于从长远出发,建立一套城乡义务教育均衡发展的长效机制,从根本上解决农村基础教育投入不足的问题。

一、我国城乡教育存在的问题

教育的城乡差别是整个二元经济社会结构的一个组成部分。自从新中国成立以来,在相当一段时期内,我国的教育经费体制实行的是,城市大中小学教育主要由国家投资,农村中小学教育则主要是由农村集体组织筹资解决的城乡二元化教育经费制度。改革开放以来,我国政府对教育投入加大了力度。从1980—1996年,预算内教育支出占财政总支出(不含债务)的比重从9.29%升至17.84%,平均每年增长年增4.16%。但1997年是一个转折点,比重下滑。2005年降至11.71%,2006年回升,2007年达14.3%[①]。2006年以来,中国在教育领域相继出台了一系列政

---

① 资料来源:2008年教育统计年鉴。

策,如在全国实行免费义务教育、加大中职教育投入等,教育经费增长幅度相当大。但是,据统计,国际平均教育投入占国内生产总值的比例为 5.1%,其中,发达国家为 5.3%,发展中国家为 4%。目前我国财政教育投入占 GDP 的比重在 3.33%左右,只相当于法国的 59%、美国的 69% 及英国的 66%。2003—2008 年,我国财政教育支出占同期国内生产总值的比例为 3.1%,远低于1993 年中共中央、国务院颁布的教育发展纲要所确定的 2000 年达到 4%的目标。(如图 3)

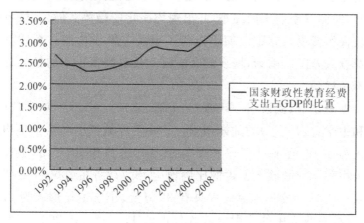

图 3 财政教育支出占同期国内生产总值的比重

资料来源:根据《中国统计年鉴》(1992—2010 年)整理而来。

(一)城乡义务教育投入经费的差距有所缩小,但离均等化要求甚远

我国教育经费投入"轻农村、重城市"、"轻义务、重高教"的问题存在很长一段时间。近几年来,我国教育经费呈现出迅猛增长的趋势,国家财政性教育经费也在不断增加,且新增教育经费主要用于农村,使得城乡教育经费的差距不断缩小。以城乡生均经费差异为例。2001 年全国小学生均预算内教育事业费和农村小学生均预算内教育事业费分别为 645.28 元和 550.96 元,2007年两项指标达到了 2207.04 元和 2084.28 元,6 年间分别提高了

2.42 倍和 2.78 倍；农村小学生均预算内教育事业费与全国小学生均预算内事业费相比，差异系数（农村与全国的比值）由 2001 年的 85.38% 提高到 2007 年的 94.43%。[①] 全国初中生均预算内教育事业费从 2001 年的 817.02 元增加到 2007 年的 2679.42 元，农村地区也由 656.18 元提高到 2433.23 元，分别增加了 2.28 倍和 2.71 倍，农村初中生均预算内教育事业费与全国的差异系数从 2001 年的 80.31% 提高到 2007 年的 90.81%。[②] 生均预算内公用经费也呈现出同样的变化趋势，即城乡整体水平大幅提高的同时，城乡差距在不断缩小，并出现均衡化的趋势。但是，城乡财政教育经费投入差距的缩小掩盖了事实上城乡依然存在的巨大经费投入差距。因为，城乡教育对财政教育经费投入的依赖程度是不一样的。

据对重庆、武汉、长春、西安、上海、北京六城市 50 所学校（小学和中学各占一半）的抽样调查，在 2007 年城镇小学学生年均总收入为 5288 元，而小学学校年均总收入达到 8865 万元，学校总收入中的非财政收入所占的比例均达 48.77%；在 2006 年免费前的农村小学学校年均总收入只有 31 万元，小学生年均才为 2728 元，学校总收入中的非财政收入仅占的 13.56%；在 2007 年城镇中学学校年均总收入达 1035 万元，中学生年均总收入达到 8698 元，学校总收入中的非财政收入所占的比例均为 40.56%；在 2006 年免费前的农村中学学校年均总收入仅有 170 万元，中学生年均总收入为 2650 元，学校总收入中的非财政收入仅占的 7.41%。据 50 所学校收支调查，学校日常支出超过财政拨款的城镇小学就有占 73.91%，最高值达到 1282 万元，其最差的也有

---

① 张金英、陈通：《我国城乡教育资源配置的实证分析》，《中国农机化》2009 年第 6 期，第 115—119 页。

② 张金英、陈通：《我国城乡教育资源配置的实证分析》，《中国农机化》2009 年第 6 期，第 115—119 页。

8.7 万元;学校日常支超出财政拨款城镇中学有 65.38%,其最高达 1615 万元,最少的大约也有 11 万元。[1]

相反,从农村学校调查的数据和审计署 2008 年公布的 54 个县中的收支数据就可以看出,农村学校和城镇的学校有很大的差距,资金长期拨付不及时和资金滞留现象特别突出,问题较为严重。在调查中发现:就有 29 个县的财政、教育部门没有按时拨付资金,其金额高达 1.10 亿元,占其同类教育经费总额的 45.32%。这种现象导致部分县的农村的义务教育经费支出出现逐年下降的趋势,在 2006 年就有 5 个县的县级政府在农村义务教育经费投入方面比上一年减少 3186.90 万元,减幅为 13.2%。可见,如果加上非财政性教育经费投入,城乡之间的教育经费差距依然是巨大的。

(二)城乡义务教育办学条件有很大差距,要密切注意数字鸿沟

长期以来,城市义务教育由国家财政负担,农村以县级统筹为主,但大多数县是"吃饭财政",部分县甚至是"讨饭财政"和"抢饭财政"。由于缺乏对义务教育的"刚性"考核,造成基层政府投向教育的资金非常有限,许多农村学校发展难以为继。与城市中小学相比,农村学校校舍简陋。有关部门统计,20 世纪末全国中小学有危房约 1300 万平方米,主要集中在中西部农村。部分中小学债务负担沉重,给农村义务教育健康发展带来很大隐患。审计署调查显示,2005 年底农村义务教育阶段中小学校负债余额 28.72 亿元,截至 2007 年 6 月底,已偿还债务 8.63 亿元,但同期又新增债务 6.79 亿元,尚有负债 26.88 亿元,平均每县 4978 万元。部分学校由于债务沉重、无财力偿还,被债权人强行封校、学

---

① 邬志辉:《正确理解城市义务教育免费政策》,《教育发展研究》2009 年第 1 期,第 50—53 页。

生被迫停课的事件时有发生,影响了学校的正常运转。作为现代化义务教育的基本手段,教学设备是提高教育水平的物质基础。城乡在教学设备上的差距依然较大,在生均教学仪器设备上,全国1/3以上地区的中小学生均教学仪器设备值的差距继续扩大,小学生均教学仪器设备值城乡之比为2.9∶1,全国初中生均教学仪器设备值的城乡比平均为1.4∶1。城乡中小学的信息化水平差距依然很大,数字鸿沟需引起格外关注。2005年农村小学建网学校比例为5.89%,比城市低36.66个百分点,农村中学建网学校比例为23.04%,比城市低28.96个百分点,无法满足农村教师利用现代教育信息的要求。

城乡义务教育的办学条件相差悬殊。在城市中,义务教育的经费投入严格按照生均教育事业费和生均教育经费的标准,城市义务教育的办学条件完全能满足自身发展的需要,他们统一配发教学仪器和教学设备。物理、化学、体育、音乐、生物等实验器材齐全,多媒体教学所需要的电脑、投影仪、光盘一应俱有,互联网的插口遍布教室和办公场所。而在农村,最基本办学条件都得不到保障,教学基础设施薄弱。

(三)城乡教育的差距还表现在义务教育阶段的师资力量上

从城乡义务教育的师资力量上看,由于城市拥有一方政治、经济、文化的中心地位,在这样一棵硕壮的梧桐树上,凤凰们当然会纷至沓来。尤其是在当前教育制度改革后,由于教师待遇的提高,在教育战线更是集中了一大批优秀人才,这些人几乎都留在了城市。他们有着较高的待遇和良好的办公条件。由于教师的工资中存在着地区差别,他们有40%的工资性收入来自城市教师所特有的补贴。另外还有一些学校由于所处的位置和重点学校的影响,这些学校的教师还能够得到不菲的福利待遇。从城市学校教师的整体水平来看,教师队伍结构合理,老中青搭配合理,学科专业结构也搭配合理,有系统的教学、培训、进修方案,教师队伍的专业化程度高，业务水平高，教学理念和教学方法先进。而农村呢，先别奢望去挖几个重点大学的高材生来充实师资力量，就连正常的师生比例都难以维系。

2008 年国家教育督导报告显示，边远地区学校的教师待遇低，全国农村小学、初中教职工人均年工资收入分别仅相当于城市教职工的 68.8％和 69.2％。其中广东省小学、初中农村教职工人均年工资收入仅为城市教职工的 48.2％和 55.2％。农村生活条件差、工作环境艰苦、个人发展机会少，造成骨干教师流失。对艰苦地区学校的抽样调查表明，38.7％的校长反映近 3 年中有教师流失情况，其中，74.6％的校长反映主要流失的是骨干教师，92.5％的校长反映主要流失的是 35 岁及以下的青年教师。① 农村教师的流失，主要是农村优秀教师的流失，优秀教师高度集中在县城以上的学校和县以上的城市或经济发达地区。农村高水平教师的大量流失导致中小学教师素质令人堪忧。部分农村教师教育观念陈旧过时，学历层次偏低，如果将教师学历要求提高一个层次，农村教师将有 70％—80％成为学历不合格教师。农村现有教师教学方法与手段落后，难以适应教育改革发展的需要。

二、我国城乡义务教育差距的原因分析

根据杨东平对"全国第五次人口普查千分之一抽样数据"对教育公平状况的分析，他认为，我国改善教育机会不均等的努力，在改善民族差距、性别差距方面的成效比较显著，而在其他地方面的问题仍然比较突出，尤其是城乡之间存在着巨大的教育差距，已经成为影响教育公平的主要因素。在影响我国教育发展不

① 贵州教师李兹喜在贵州罗甸县班仁乡金祥村油落小学已任教 13 年，他的"年薪"是学生家长凑份子的 365 斤包谷，按当地每斤 8 毛钱的市场价计算，他的日薪相当于 8 毛钱，月薪相当于 24 元，年薪还不到 300 元。见《一个马明哲能抵 20 万个代课教师?》，《新华每日电讯》2008 年 8 月 1 日。

平衡的因素中,城乡、地区因素最为重要。当前,在我国城乡之间义务教育不公平的现象,背景复杂,原因诸多。从根本上来说是经济发展的落后造成的。城乡经济的发展不均衡也导致教育有效供给的不足,最终导致巨大的地区差异、城乡差距。撇除经济上的原因,教育政策的偏差、资源的不足以及观念的落后等也是造成城乡之间义务教育不公平的主要原因。

(一)教育政策的偏差导致了宏观层面的差距

长期以来,我国的教育一直实行城乡二元办学体制,奉行人民教育人民办的指导思想,中央及地方政府在义务教育上职能缺失。在高度集中的计划经济体制下,国家优先考虑城市的各项发展,形成以城市为中心的价值取向,因此,教育产生严重的城乡对立局面。

我国在 20 世纪 80 年代中期下放义务教育的管理权限,建立义务教育地方负责、分级管理的体制,义务教育的经费主要由地方政府承担,最终形成了一个"县乡村三级办学、县乡两级管理"义务教育制度。尽管这种办学模式,某种程度上调动了地方办教育的积极性,但是造成了一个很实际的问题。那就是在一些经济落后地区,地方财政能力不足,省际之间、县际之间、甚至乡际之间的经济发展水平的不平衡直接影响到义务教育的实施,致使广大的农村地区尤其是贫困地区的农村义务教育,不但没有得到改善,而且有继续恶化的趋势,一些地区的地方财政即使用其全部财力也解决不了义务教育的正常开支。

在城市居民在激烈地竞争优质的教育资源的时候,在城市的角角落落里,另一群人还在寻觅着上学的机会,他们就是数以万计的农民工子弟。1994 年,原国家教育委员会会同及各部委制定了一个政策,核心就是一点,流动人口子女的教育问题由人口流入地负责。但是结果事与愿违,很多地方不愿意执行,原因也很简单,在原来的义务教育体制下,多支出一个孩子就会增加一份负担。尽管农民工为城市的发展作出巨大的贡献，但是他们的子女却不能享受到他们本应该享受到的权利。于是，在一些农村地区，辍学率迅速回潮，按照原国家教委副主任柳斌的话说，"主要是由贫困、随父母流动和厌学三个方面引起，贫困因素占大概40%，其他各占30%"。[①] 这种不平等甚至还有扩大的趋势，不但直接地损害农村青少年的利益，而且它还将会使得我国的城乡关系在21世纪里朝着更加不平衡的方向发展。

从总体上看，农村处于经济与社会发展的不利地位，中国科学院国情分析研究小组国情报告结论：城乡矛盾是中国现代社会基本矛盾之一，突出表现为城乡二元经济社会结构与城乡居民两大利益集团的矛盾，使城乡社会存在明显差异性和不平等性。[②]

中国二元的经济结构的制度安排衍生出二元教育结构，由此，造成了城乡之间义务教育的差距越来越大。本意作为振兴教育的一项政策，于1985年出台了《中共中央关于教育体制改革的决定》（以下简称《决定》），最终确定了对后来的城乡义务教育发展产生重要影响的教育制度，也就是众所诟病的"分级办学"。上述《决定》提出，"把发展基础教育的责任交给地方，有步骤地实行九年制义务教育。实行基础教育由地方负责，分级管理的原则。"而关于省、市、县、乡各级地方政府的职责划分，原则上则由各省、自治区、直辖市自行决定，最后在实践中基本上形成了"县办高中、乡办初中、村办小学"的格局。在《决定》中还明确要求，"乡财政收入应主要用于教育"。在后来的由国家教育委员会等发布的《关于实施〈义务教育法〉若干问题的意见》（1986年9月）中，进一步规定"农村中小学校舍建设投资，由乡、村自筹为主，地方人民

---

① 马昌博、徐卓君：《义务教育，这20年为何这么难？—对话全国人大常委会委员、原国家教委副主任柳斌》，《中小学教育》2006年第12期，第17—19页。

② 中国科学院国情分析研究小组：《中国城乡矛盾与协调发展研究》，科学出版社1999年版。

政府对经济有困难的地方,酌情予以补助"①应该看到,"分级办学"制度实际上意味着在义务教育阶段将城乡进行强行分割,无论是办学经费,还是师资建设等各方面,农村的义务教育已经落后于城市的发展,远远不能跟上现代化建设发展的需要,不能为农村政治、经济、文化建设的提供必要的支持,有违于教育公正的理念。

(二)教育资源的不足造成了中观层面的差距

由于历史、地理条件的一些原因,在现行经济发展的水平之下,城乡之间有着很大的差异。一般来说,经济的发展水平城市优于农村,东部强于西部,经济发达地区胜于经济落后地区。于是,经济学上的"马太效应"在教育领域变现尤其明显。本身农村经济落后地区,需要更多资金的投入,聘用好优质的师资,而反过来却是被城市经济发达地区汲走,造成了农村优质教育资源的大量流失,造成了城乡义务教育发展的差距。不少地方农村教师历史严重,流动去向主要是条件好的县城或大中城市,农村则出现了一个庞大的代课教师。据教育部提供的统计数据,中小学代课教师 1999 为 81.9 万人,2004 年为 49.9 万人,2005 年为 44.8 万人。分布在农村公办中小学的大约有 30 万人,占农村中小学教师的 5.9%。②

再者,农村由于学校分散、学校规模及班额较小,需要更多的教师,尤其是一些山区和边远地区。然而,按照国家在制定教师编制标准,城市小学师生比是 1∶19,城镇小学的师生比是 1∶21,而农村小学的师生比却为 1∶23。本来越需要教师的地方,反而政府的职能却越是缺位,结果是导致农村的优质教育资源向城市

---

① 《中华人民共和国现行教育法规汇编(1949—1989)》,人民教育出版社 1991 年版,第 3—34 页。

② 《教育部表示在短期内将清退 44.8 万代课教师》,http://www.sina.com.cn,2006 年 3 月 27—28 日。

集中,落后的地区向经济发达的地区集中,这就是为什么义务教育阶段的"择校热"此起彼伏的最重要的原因。随着教育的发展,当前在中小学推行的新一轮的课程改革,使得人们对于教育资源的认识也越来越深刻。这种认识既包括校舍、仪器设备和图书资料等硬件,也包括师资、生源等软件。在农村的中小学,一方面,由于这些教育资源数量不足,质量不高,难以满足师生的实际需要。按照国家的要求,像中心小学、初中有一定规模的学校必须要有单独的图书室、阅览室、实验室、仪器室,但是实际上很多学校都不具备这样的条件,特别是一些农村中学,一到学生入学的高峰,原有的很多"室"就另当别用了。另外一方面,教育资源的利用率极低。由于受到教育理念、师资水平、场地条件等限制,在农村的中小学我们常常可以看到,师生们在黑板上"画"实验,一大堆仪器却在柜子里睡大觉,图书上面堆满了灰尘,甚至买回来的电脑也成了"游戏机"。这些得不到有效利用的教育资源,对于农村义务教育发展来说无疑是雪上加霜,进一步拉大城乡之间差距。

(三)教育观念的落后影响了微观层面的差距

城市中心主义的价值观念,带来了一切以城市的优先发展作为原则。随着实行严格的户籍制度,国家的公共政策优先满足和体现城市的利益。教育作为一种公共产品,也长期体现"城市优先"的价值。假若不信,可以从直辖市、地级市、县城、乡镇和农村,可以从最豪华的校园看到最破败的校舍,极大地损害了义务教育的公平性。更可怕的是,长期实行这一政策,使得人们对于这一现实逐渐习以为常,慢慢认同了教育公共政策中"城市中心主义"的价值观取向,形成一种观念意识。鲁迅先生曾经说过,"不再沉默中爆发,便在沉默中死亡"。在国家宏观的政策前,广大的民众也只能选择了沉默。而这种思维上的定势,到现在还潜意识地影响到了政府教育政策的制定与规划。例如,当前进行的新课程改革,无视城市和农村在义务教育环境、教育资源上的巨大差距,一味地强调"全国统一"的教学大纲、教材和课程标准,农村教师、学生普遍感到"水土不服",重要原因是新课程改革标准采用了城市化和西化倾向,其先进的理念与现实的教育资源、师资水平的巨大反差难以弥合。例如,在小学三年级开设英语,以及在考试中增加听力测试、进行普通话测试等教学质量的要求,往往成为阻碍农村学生获得更多学习机会的门槛。可见新课程的设置没有充分考虑农村的实际条件,使得农村的孩子很难适应,造成了农村和边远地区的学生一种学习上的不公正,进一步拉大了城乡义务教育的差距。

教育本来是我国农村中最丰富的人力资源转化为人力资本的主要手段,可现实告诉我们,在原有的义务教育体制之下,人们的观念认为农村落后于城市是天经地义的,这对于构建城乡义务教育的公平是极其危险的。行动在后、观念先行,正是在这样的背景之下,修订义务教育法意义显得更具有重大意义。在旧法实施 20 年以后,2006 年新修订的《义务教育法》的通过,对新世纪的中国教育发展来说,是一件具有深远意义的大事。为了促进义务教育的均衡发展,新法采取多种措施保障适龄儿童平等地接受义务教育。比如说,"适龄儿童、少年免试入学。地方各级人民政府应当保障适龄儿童、少年在户籍所在地学校就近入学","特殊教育学校(班)学生人均公用经费标准应当高于普通学校学生人均公用经费标准","保障家庭经济困难的和残疾的适龄儿童、少年接受义务教育",等等。新义务教育制度的一个核心和灵魂就是推进教育公平、促进教育均衡的发展,可以说这为构建城乡义务教育的发展提供了一个最佳的契机。

三、缩小城乡义务教育差距的财政支出结构优化

国家财政支持的偏向,特别是农村基础教育投入的严重不足是我国城乡义务教育存在巨大差距的根本原因。我国目前的基

础教育发展水平城乡差距很大，保障基础教育的均衡发展，既是农村基础教育稳定发展的目标，也是消除城乡二元结构、缩小城乡贫富差距的手段。

（一）制定义务教育办学和教育经费投入标准

《中华人民共和国教育法》规定：中国公民不分性别、民族、职业、财产、宗教信仰等，均依法享有平等的受教育的权利和义务。同时关于少年儿童的平等受教育权利该法也有详细的规定。教育平等问题是一个不断发展的动态过程，任重而道远。而政府在缩小教育不平等方面责无旁贷。各级政府有义务不断缩小教育不平等方面的差距，尽量将此差距限定在一定范围内。制定国际基础教育底线是解决教育不平等的根本措施。然而目前我国还没有基础教育的底线标准，政府缺乏可执行的有效指标，无法明确缩小教育差距的责任。各级政府难以形成缩小教育不平等差距的紧迫感和责任感。这也是难以遏制我国地区间教育不平等状况不断拉大的重要原因。

从政治意义上来说，制定科学的基础教育底线标准、促进教育均等化发展有利于维护人权，维持社会安定，提高社会文明程度；从经济学角度来说，这可以用短板决定容积的"木桶原理"来解释。如果能够提高最低教育水平的教育条件，那么在最低成本下可以最大程度的提高整体的教育水平。但是由于我国尚无基础教育办学的底线标准，所以无法获取处于底线标准以下学校数量的信息，无法制定满足最低办学标准的目标、步骤以及政策措施。因此，明确各方在消除最低标准以下学校中的责任也就无从谈起。总之，要想保证所有学校都满足最基本的办学条件，有效遏止教育差距不断拉大，推动基础教育均衡发展，建立基础教育国家基准是先决条件。

农村基础教育办学基准可以细分为农村小学、初中、高中三个层次不同的办学基准，它既是一个静态指标也是一个动态指标。静态上表现为在一定时期内各个层次的办学基准稳定执行；动态上表现为随着经济的不断发展和教育技术水平的不断提高，逐渐提高农村基础教育办学基准。在确定学校办学基准时，可根据地区间经济发展水平不同和城乡差异的特点，县镇和乡村两级分别确立不同的办学基准。开始时，农村学校办学基准可暂时低于城市教育办学基准，随后根据经济状况不断上调基准，逐步缩小城乡间办学基准差距，最后形成城乡统一的基础教育办学基准。一般来说，农村基础教育办学基准主要包括经费投入、办学条件、师资要求三个方面。在农村基础教育办学基准确定的基础上，进一步需要确定经费投入的基准。经费投入基准主要包括：第一，全国农村基础教育学生平均公用经费、师生占比、基础建设支出等方面的最低标准；第二，各地区农村基础教育经费支出在该地区财政支出中的最低比重。

各地农村学校公用经费则根据农村教育办学基准的要求，依据师生比确定教师编制，按照核定的教师编制确定教师人均公共业务费、设备添置和修缮费用。考虑各地区自然条件与经济发展水平、教育投入所需的各种物质材料价格，以省区为单位，核定各类学校生均公用经费支出标准，并每年随着经济波动物价变化情况进行合理调整。对于基建费用和大型设备购买费用，根据农村教育办学基准要求，核定基建投入和大型设备购买支出，采取五年为一周期，由县级主管部门制定计划，并统一组织施工。

(二)构建科学的农村义务教育财政转移支付制度

由于各地经济发展不均衡，某些地方会出现农村义务教育经费缺口，中央和省级政府会按照一定的原则对其进行专项转移支付，以弥补供需缺口，这种制度就是农村义务教育财政转移支付制度。财政联邦主义是农村义务教育财政转移制度的理论基础，于20世纪70年代形成，主要用于处理公共部门事权和财权在不同层级政府之间的划分问题。它包括等价原则、集中稳定原则、多样性原则、财政地位平等原则、集中再分配原则、基本公共服务的公平供应原则和校正溢出效应原则等七个原则。其中基本公共服务原则要求政府在全国范围内提供统一的服务。本国公民不分身份、居所,都有权利享有相同的基本公共服务。政府有义务向全体社会成员提供基本的公共产品和公共服务,实现全员共享经济社会发展成果,促进社会公平实现。具体来说,基本公共服务又包括义务教育、基本社会保障、初级医疗卫生等方面的内容。

基本公共服务可由法律直接规定,也可以采取约定的方式。如果地方政府财力不足以提供基本公共服务,中央政府或上级政府应通过财政转移支付的方式予以补助。在建立和完善财政转移支付制度过程中,要以兼顾城乡发展,调整优化支出结构为目标,在明确义务教育占财政转移支付比重的基础上,将支出重点投向农村基础教育领域并不断加大投入比例。为了保证各级政府财政投入的到位率,在一定的条件下,也可以实行差别性的地区基础教育成本标准。分税制后,由于我国财政转移支付制度不规范,地方政府拨款随意性较大,加之没有明确规定农村义务教育的占比,导致了边远山区和贫困地区的基础教育薄弱状况没有得到有效缓解。因此,我国政府应在不断加大落后地区财政转移支付支持力度的同时,制定科学合理的专项转移支付制度以弥补财政实力薄弱地区义务教育开支的缺口。政府只有通过各个地区之间的财力分配,缩小各地区教育质量和因财力状况造成的教育资源的差异,才能最终实现均等化投入和义务教育的均衡发展。

(三)统筹城乡义务教育均衡发展

只有城乡义务教育均衡发展才能达到教育公平,才能实现社会公平和构建社会主义和谐社会。因此,政府要树立城乡义务教育均衡发展的理念,把城乡义务教育公平贯穿在教育决策的制定和实施的各个环节之中。"城乡义务教育公平"的内涵,要在资源、环境、社会、制度、经济发展上,实现个人学校、政府在权利与义务上的均衡。[①] 此外,为保障城乡义务教育均衡发展,还需要建立城乡教育互动平台,加大城镇支持农民、带动农民力度,城乡共享教育发展成果[②]。借助于多方式、多渠道的交流和沟通,城乡可以相互借鉴共同发展。

以成都市为例,成都城乡义务教育均衡发展主要体现在四个一体化方面。

1. 规划一体

所有学校全部纳入城乡一体化发展规划之中,重新调整学校布局。山区小学要搬下山,集中办学,方便孩子们上学;初中进镇、高中进城。所有新建的城镇和农村的社区,先要规划建学校。比如从 2006 年起 3 年内在全市 14 个区县的 224 个乡镇都建起标准化的中心幼儿园。政府统一规划、统一标准、统一建设、规范管理、限价服务。

2. 标准一体

城乡学校建设标准、质量和评估标准、公用经费标准要统一。成都市开展城乡统筹试点以来,城乡学校统一建设标准,市、县两级财政投入约 14.5 亿元,一共完成 410 所农村中小学标准化建设任务,新建、改扩建校舍面积 189 万平方米;通过自建、援建、捐建等多种方式,投入近 90 亿元用于灾后教育重建。

3. 配置一体

新增经费主要用于农村教育。师资力量向农村倾斜,每年从城市学校选派教师到农村学校定期服务,并把任教农村学校的时

---

① 傅宝英:《城乡和谐发展中的教育公平问题与对策》,《浙江师范大学学报(社会科学版)》2007 年第 4 期,第 114 页。

② 尹兴军:《注重城乡教育公平促进教育均衡发展》,《中外教育研究》2009 年第 5 期,第 127 页。

间在一年以上作为教师晋升高级职称的必备条件。组织骨干教师下乡,对农村学校骨干教师进城跟岗培训。4 年为农村培养了1500 名骨干教师,帮助 3.5 万名农村教师完成了学历提升。在原有基础上,每年再拿出 20％的评优名额投向农村学校。设备设施向农村倾斜。现在,成都所有的农村学校都有了学科带头人等骨干教师,农村中小学教学设备配置情况有了较大改善。

4. 管理一体

成都城乡教育一体化发展的核心是一体化管理,通过一体化管理使农村学校的"软实力得到提升",以此增强农村义务教育的竞争力。在"成都"范围内,每位中小学校长和教师都有交流和轮换的机会,市每年选派 100 名城镇学校的校长到农村学校任职 3年。同时,对 70％的农村中小学校长进行了培训。对教师实行"县管校用",实行"无校籍管理"。教师全部由单位人变成系统人,统一配置师资、统一管理人事工资、统一聘任,在本区域内教师可以无障碍流动。以解决农村教师待遇和住房为基础,构建起了教师在区域之间、城乡之间流动的长效机制,以此来实现师资力量的城乡合理分布。目前,成都市城乡学校差距不断缩小;农村教师素质快速提高,农村教师学历层次明显提升,中、高级教师比例不断增长;教育公平程度明显提高;各区(市)县形成了具有自身特点的均衡发展模式,如武侯区的"捆绑发展"模式将城乡学校一一"结对"、"联体",实施"两个学校、一个法人、一套班子、独立核算、独立核编"的管理办法,构建了城乡学校协同发展的长效机制;龙泉驿区的"金凤凰"工程让山里的孩子进城读书,所有经费由政府提供,学生还可按月领取生活和交通补贴,让他们享受和城里孩子一样的优质教育;青羊区通过"三个满覆盖",推进区域内城乡教育均衡发展,循环使用教材,建设"星级民工子弟校"等措施,把一所典型的村小文翁学校建成了进行中国传统文化教育的示范基地。

第六章 统筹城乡医疗卫生发展的 财政支出结构优化

一、我国城乡医疗卫生存在的问题

医疗卫生保障作为一种社会制度,其产生和发展取决于它所依赖的经济基础和政治制度。中国特殊的历史背景、经济基础和政治制度决定了医疗保障制度的建立和发展有其自身的特殊性。新中国成立之初,由于经济凋零、国力积贫积弱,当时的医疗卫生条件非常落后而且主要集中于城市,广大地区,尤其是农村缺医少药、看不起病的状况十分普遍,人民健康状况普遍很差,各种急慢性传染病、寄生虫病和地方病肆虐。建国初期,我国的人均预期寿命仅仅才 35 岁,婴儿死亡率高达 250%。

为了尽快扭转这一状况,从 1951 年开始,新生人民政府在城市很快建立起了以工人为对象的劳保医疗制度和以国家机关和事业单位工作人员为对象的公费医疗制度。1951 年政务院颁布了《劳动保险条例》。该条例对企业职工医疗保障有如下规定:因工负伤的员工在医疗期间工资照发,其发生的全部医疗费用由企业负担;非因工受伤或生病的员工,在指定医院诊疗时所需诊疗费、手术费、住院费及普通药费由企业负担;员工供养的直系亲属患病时,其发生的诊疗费、手术费及普通药费由企业负担一半。1952 年政务院发布了《关于全国各级人民政府、党派、团体及所属事业单位的国家工作人员实行公费医疗预防的指示》,对享受公费医疗待遇人员的范围、公费医疗经费来源、管理和督导等方面做了明确的规定。到 1956 年我国已初步建立起以国家为责任主体、主要覆盖国家机关、国有和集体企事业单位的城镇医疗保障制度。与此同时,20 世纪 50 年代中期,在农业互助合作运动中,农村开始自发出现以集体经济为基础、个人缴费相结合、互助互济的集体合作医疗制度的萌芽。尤其是 60 年代初期,针对农村普遍存在的缺医少药的情况,毛主席提出"把医疗工作的重点摆到农村去"的方针,在党和国家的大力推动下,经过广大农民和医疗卫生人员的努力,到 70 年代初期我国在农村已广泛建立起了以集体经济为主,国家扶持为辅的农村合作医疗保障制度。这套在我国当时生产力发展水平低下,国家财力十分羸弱的情况下形成的城乡二元医疗卫生保障制度,对于保障广大人民群众的基本医疗,提高人民的健康水平,起到了重大作用。其具体体现就是,我国人民的平均预期寿命由 1952 年的 35 岁提高到 1982 年的 68 岁,婴儿死亡率由 250‰降低到 40‰,疟疾的发病率由5.5%降低到0.3%。在刚解放时,中国人民的健康指标属于世界上最低水平。而到 20 世纪 70 年代末,中国已成为拥有全面基本医疗保障体系的国家之一,80%—85%的人口享有基本医疗保健。尤其是在国家财力极其有限的条件下,我国农村所建立起来的覆盖数亿农民的基本合作医疗保障制度,被国际上赞为"发展中国家医疗制度的典范"。

改革开放以来,在进行市场经济改革中,由于国有和集体企业改制,以国有和集体企事业单位为主体的城镇医疗保障制度陷于崩溃;而广大农村,由于集体经济衰落,使建立在集体经济基础上的农村合作医疗保障制度也陷于衰亡。加之,随着后来的医疗制度实行市场化改革,医疗费用暴涨,看病贵,看不起病的问题愈来愈凸显,广大人民群众怨声载道。这个问题引起了党和政府的高度关注。从 20 世纪 90 年代末期开始,我国逐步建立起了城镇

职工基本医疗保险制度(1998 年)、新型农村合作医疗制度(2003
年)和城镇居民基本医疗保险制度(2007 年开始试点)。到 2009
年 9 月末,全国新农合参加总人数为 8.33 亿,参合率为 94%;参
加城镇职工医疗保险和城镇居民医疗保险两项合计为 3.63 亿
人,比上一年新增 4478 万人。卫生部的统计数据表明[①]:2009 年
我国卫生总费用为 16118.8 亿元,人均卫生费用约 1192.2 元,卫
生总费用约占 GDP 总额的4.96%。全国卫生总费用比 2008 年
增长了 10.9%;卫生费用总额占 GDP 的比重比 2008 年增长
0.13%。城乡公共卫生状况得到极大改善,到 2008 年末,改水受
益农村人口数累计为 8.9 亿人,占农村总人口比重为 93.6%;饮
用自来水的农村人口有 6.2 亿,普及率为 65.5%;农村家庭使用
卫生厕所为 1.5 亿户,普及率为 59.7%。医疗服务服务网络得到
巩固和加强,至 2009 年 11 月,通过中央医改资金安排的基层医
疗服务体系建设资金累计为 200 亿元,有力援助了 986 个县级医
院(包括中医院)、3549 个中心乡镇卫生院以及 1154 个社区卫生
服务中心的建设;此外还累计拨付基层医疗卫生机构设备购置补
助资金为 17.3 亿元。

　　取得这些成绩固然令人惊喜,然而在取得这些成绩的背后,
我们必须清醒地看到我国的基本医疗卫生保障体系还存在很多
问题,形势仍然相当严峻,尤其在城乡医疗卫生资源拥有量、医疗
保障等方面差距依然很大。

(一)城乡基本医疗卫生资源差距

　　1978 年以来,虽然我国卫生资源总量在不断增加,但是城乡
差距却逐步加剧,城乡矛盾日益凸显。具体表现在卫生经费总
额、卫生人员和卫生设施等方面的差距:

---

① 《2009 年我国卫生事业发展情况简报》,中华人民共和国卫生部网站,2010 年 2
月 2 日。

表9 1990—2008年卫生费用的城乡分解状况 （单位：亿元）

年份	卫生总费用	城乡卫生费用			人均卫生费用		
	合计	城市	农村	城市/农村	城市	农村	城市/农村
1990	747.39	396	351.39	1.13	158.8	38.8	4.09
1994	1761.24	991.5	769.74	1.29	332.6	86.3	3.85
1998	3678.72	1906.92	1771.8	1.08	625.9	194.6	3.32
2002	5790.03	3448.24	2341.79	1.47	987.1	259.3	3.81
2006	9843.34	7174.73	2668.61	2.69	1248.3	361.9	3.45
2007	11289	8754.53	2534.95	3.45	1480.1	348.5	4.25
2008	14534.28						

资料来源：2009年中国卫生统计年鉴，其中2008年数据来源于卫生部网站以及2009我国卫生事业发展情况简报。

1. 卫生经费差距

从1990年到2008年，我国卫生费用总额由747.37亿元上升到14534.8亿元，上升了17.4倍。在卫生费用总额构成中，从1990年到2008年，政府预算卫生支出、社会卫生支出分别从25.1%和39.2%降为24.7%和34.9%，然而个人卫生支出从35.7%升至40.4%[①]。由此判断，我国卫生费用总额的增长，主要是个人卫生支出的拉动，这必然会加剧相对贫困的农村人口的"看病难、看病贵"问题。而将分城乡分开来看，我们从图9可以看出，城乡卫生费用由1990年的几乎接近，但是到2007年城市卫生费用高至8754.53亿元，农村卫生费用却仅为2534.95亿元，还不足城市的1/3。若剔除人口数量因素的影响，则城乡人均卫生费用差距更为显著。从表10可以看出，自1990至2007年，城市人均卫生费用上升9.3倍，而农村为9.0倍，到2007年我国城市人均卫生费用是农村人均卫生费用的4.3倍。

---

① 资料来源：2009年中国卫生统计年鉴。

2.卫生人员差距

到 2009 年末,全国卫生人员总额为 731 万人,其中:城市卫生人员数 641 万人,而乡村医生与卫生员数仅为 90 万人。同 2008 年相比,卫生人员总数增加 24 万人,增长了 3.9%;然而乡村医生和卫生员竟然减少 3 万人[①]! 由此可以看出,近年来城市的卫生人员数在不断增长,而农村卫生人员数在逐步减少。如果按市县区分,我国 2008 年市级每千人口卫生技术人员数为5.58,县级每千人口卫生技术人员数为 2.21(表 10)。若按农业与非农业人口来区分,则其差距更为明显。2008 年农业每千人口乡镇卫生院人员数仅为 1.22,远远低于市级的每千人口卫生院人员数 5.58。若再加上乡村医生和卫生员,平均农业每千人口乡村医生和卫生员为 1.06 个,两者的数据之和也仅为 2.28 个,仍然不到城市的一半。以上仅从人员数量上加以比较,若再考虑卫生人员的技术水平,则城乡之间的卫生人员实际差距会更大。

表 10 1998—2008 年城乡每千人口卫生技术人员数

年份	卫生人员数		执业(助理)医师		注册护士	
	市	县	市	县	市	县
1998	5.3	2.35	2.34	1.11	1.64	0.51
2000	5.17	2.41	2.31	1.17	1.64	0.52
2004	4.93	2.16	2.12	0.95	1.63	0.5
2006	5.14	2.17	2.2	0.96	1.74	0.53
2007	5.35	2.14	2.22	0.93	1.88	0.55
2008	5.58	2.21	2.28	0.94	1.99	0.58

数据来源:《2004 年中国卫生统计年鉴》、《2009 年中国卫生统计年鉴》。

---

① 《2009 年我国卫生事业发展情况简报》,中华人民共和国卫生部网站,2010 年 2 月 2 日。

3.卫生设施差距

城乡之间的医疗卫生资源不仅表现在卫生技术人员的数量差距上,城乡间的医疗卫生设施差距更大。仅从每千人口医院和卫生院的床位数(见表11)可以发现:城市占据的医疗资源远远优于农村地区。

表 11 每千人口医院和卫生院床位数

年份	每千人口医院和卫生院床位数			每千人口乡镇卫生院床位数
	合计	市	县	
1998	2.4	3.52	1.53	0.81
2000	2.38	3.49	1.5	0.8
2002	2.32	3.4	1.41	0.74
2004	2.4	1.64	0.75	0.76
2006	2.53	3.69	1.49	0.8
2007	2.63	3.8	1.58	0.85
2008	2.84	4.05	1.75	0.96

数据来源:《2004 年中国卫生统计年鉴》、《2009 年中国卫生统计年鉴》。

(二)城乡基本医疗保障体系

城镇职工基本医疗保险、城镇居民基本医疗保险、新型农村合作医疗以及城乡医疗救助等构成我国当前的基本医疗保障体系。目前城市居民参加城镇职工基本医保的占44.2%、参加城镇居民基本医保的占 12.5%、无社会医疗保险的占 28.1%;而农村居民参加新型农村合作医疗的占 89.7%、无社会医疗保险的占 7.5%。[①] 显然,随着新型农村合作医疗的不断推广与普及,新农合参保人口在不断增加、参保率也在逐年上升。到 2009 年 9 月末,全国开展新农合的县(市、区)为 2716 个,新农合参保人口为

---

① 市包括直辖市区、地级市辖区和县级市,不包括直辖市和地级市所辖县。

8.33亿人,参合率为94%,已经接近实现新农合基本覆盖全国农村居民的预定目标。

新型农村合作医疗与城镇职工基本医疗保险和城镇居民基本医疗保险相比,其在筹资标准、保障水平以及报销程序等方面,尚存在很大差距。(参见表12)可以说,新农合一定程度上减轻了农民就医负担,缓解了农村"看病贵,看病难,看不起病"的问题。因为新农合是以大病统筹为主的医疗互助互济制度,门诊、跌打损伤等不在保险范围之内,所以农民从新农合中实际受益是有限的,且参加新农合的登记、理赔等程序非常繁琐,增加了投保人很多不必要的麻烦,农民的满意度较低,以致一些农民还是看不起病,住不起院。

表12　目前我国城乡医疗保险制度的特征与区别

	制度名称	参保原则	医保对象	筹资标准	医保水平	管理部门
农村	新型农村合作医疗	自愿	农村人口	个人30元政府120元	大额或住院医疗费	卫生部
城镇	城镇居民基本医疗保险	自愿	城镇非就业人员	根据当地经济发展水平于不同人群的基本医疗消费需求,补助标准不同:个人20—200元;政府40—600元	住院和门诊大病医疗支出	劳动保障
	城镇职工基本医疗保险	强制性	城镇就业人口	单位:职工总工资当地年均6%,职工:本人工资工资2%	当地年均工资10%—4倍	劳动保障

资料来源:根据卫生部网站、劳动保障局网站整理而得。

二、农村医疗卫生存在问题的原因

(一)财政体制改革不完善产生的问题

20世纪80年代财政体制重新划分了中央和省级财政的利

益,中央财政要求省级财政遵循收支"自求平衡"的原则,省级财政支出受其收入规模的限制,中央财政不承担对地方财政支出责任,中央财政对地方财政缺口不再兜底。随后"财政承包制"又允许地方财政从增收的收入中提留一定比例,归地方财政自主支配。显然,我国分权化特征的财政体制改革促使地方各级财政从中央财政主导的财政体系中分离出来,成为自收自支的财政独立主体(阎坤,张立承,2003)[①]。20世纪90年代的分税制财政体制改革重新确定了中央和地方的事权和财权,重新使财权相对集中,但是事权并未与之发生相应改变。分税制改革虽然界定了中央与地方收入分配关系,却没有明确界定省以下各级政府的分配关系,由于地方各级政府的权利不对称,省市级财政必然会产生将事权责任层层下放到基层政府的冲动。由于县乡两级财政处于最低层,下级财政的支出责任由上级政府决定,一些本不该由县乡政府承担的职能,也转移给了县乡基层政府,造成公共产品提供的财权与事权不对称现象。我国基层财政承担了越来越多的诸如农村医疗卫生、农村义务教育等支出责任,中国有70%公共支出责任由地方政府(省、市、县和乡镇)承担,其中55%以上的公共支出又有省级以下的基层政府承担(黄佩华,2003)。一些诸如公共卫生环境、流行病和地方病预防等全国性的公共产品的支出责任绝大部分主要由县、乡政府以及村承担,这与国际上通常由中央(联邦)政府和省(州)级政府为主负担教育和医疗卫生支出的制度安排恰恰相反。

(二)在公共政策上农民的影响力缺失

根据公共选择理论,在整个政策决策过程中,政府以受托人身份代理公民进行公共政策选择。农民虽然作为农村医疗卫生

---

① 阎坤、张立承:《中国县乡财政困境分析与对策研究》,《经济研究参考》2003年第90期。

保障的受益人，但其影响政府决策的能力有限，只是政府单方面的选择，因此我国农村医疗制度的制定不是政府与农民之间的公共选择，农民也没有适当的渠道按照自身意愿进行公共选择。虽然农民占全国人口比重为 70%，是个庞大的利益群体，但是农民缺乏必要的政治谈判能力。这是由于一个利益集团政治能量的大小，不仅取决于它的规模的大小，而更多的是取决于它的组织水平上的高低。在现行的政治体制下，农民是一个缺乏组织的分散性群体，缺乏话语权，没有拥有同其他社会利益集团平等的对话能力，显然在权力资源的配置中处于绝对弱势的地位。在农村，农村医疗卫生、农民教育等都存在得不到充分保障的问题，都与农民弱势地位相关。

（三）医疗改革的"过度市场化"

1985 年国务院审批通过的《卫生部关于卫生工作改革若干政策问题的报告》是我国医疗卫生市场化改革标志性的文件，报告提出"开阔卫生事业的路子，多方集资，把卫生工作搞好"。此后，财政部、卫生部等五部委在 1988 年发布了《关于扩大医疗卫生服务问题的意见》，进一步明确了大医疗卫生服务市场化改革的具体方针措施。到 2000 年，国务院办公厅又发布了《改革卫生工作体制的指导意见》，该文件首次将医疗卫生服务机构分为两类：第一类是营利性机构，实行企业模式管理，对其医疗服务价格放开；第二类是非营利性机构，以实现社会公益性目标为主。医疗机构被国家明确区分为营利性与非营利性之后，部分"热钱"随之进入医疗服务市场。以营利性为目标的民营医院也随之诞生，医疗卫生服务行业内部一场较大规模的"市场化"改革逐步拉开帷幕。同其他领域经济改革步伐相比较，农村卫生体制改革相对滞后，但在市场化下几乎所有的医疗服务提供机构都转型为以服务换取收入的组织单位从而独立，包括公共卫生机构防疫站等。

在医疗卫生事业上的过度市场化改革，使得一些本应由政府应该承担的责任被市场调节所取代,其实质是政府想借助市场的力量来解决医疗卫生筹资和成本控制等问题。[①] 医疗服务民营化趋势在农村更为明显,据有关部门统计,到 1998 年为止,全国已有 50% 左右的村级卫生室成为了个体医疗点,有些卫生室表面上是承包给农村卫生员,其实村民委员会对其并不管理,其本质与个体医疗点并无差别。自 20 世纪 90 年代初期以来,江浙等部分地区进行乡镇卫生院进行了产权改革试点,主要是采取股份制、租赁承包、托管经营等方式,也有些地区将其有偿转让给民间资本,拍卖乡镇卫生院国有资产,易地盘活国有资本,使得乡镇卫生院由集体所有转化为私人或个人所有。毋庸置疑,在乡镇卫生机构普遍私有化条件下,乡镇卫生机构为追求自身经济利益的最大化,通过市场途径谋取利益是其必然选择。

三、促进城乡卫生均衡发展的财政支出结构优化

2008 年我国政府提出了要努力实现"人人享有基本医疗卫生服务"。然而,我国城乡之间基本医疗卫生服务差距过大时不争的事实,不仅造成城乡居民的健康存在很大差异,也带来大量社会问题,例如全社会的不公平感持续增加、生活满意度持续下降等。这些非但严重阻碍了我国经济的持续快速增长,也会严重危及社会安定和谐和国家的长治久安。显然,促进城乡基本医疗卫生服务一体化建设,应当成为政府下一步亟待解决的难题。

(一)弥补医疗卫生领域的市场失灵

1. 制定倾向于农村的公共卫生政策

目前,地方政府是提供农村公共卫生服务的主体,由于其财力有限导致农村公共卫生经费缺失。

根据经济学促进社会公平和满足公民基本生活需要的原则,

---

① 王绍光:《政策导向汲取能力与卫生公平》,《中国社会科学》2005 年第 6 期。

基础性的公共卫生服务属于全国性公共产品,应该由中央政府提供。公共卫生服务的外部性明显且成本效益高,提供公共卫生服务是政府无法回避的责任。当前,卫生人员素质偏低的现象普遍存在于我国广大农村,一些穷困地区和边远山区甚至存在卫生人员缺乏的问题。在我国农村,卫生人员素质普遍较低,卫生人员极度缺乏问题在偏远地区还长期存在。政府要下大力气改变专业卫生人员下农村从事医疗服务积极性不高,而导致绝大多数农村基层医疗机构人员缺乏的局面,就需要采取一定的强制性措施和灵活的激励机制。根据外国的相关经验借鉴:在通过政府资助下的医疗卫生专业的学生,在其完成学业之后,必须在一段时间内服务于农村地区,同时国家还可以采用提供优惠工资待遇、减免助学贷款制度、为其免费提供继续教育、提供安家补贴等优惠或激励措施,用以促进医疗卫生人员到农村去。

2.克服农村医疗卫生中的"道德风险"和"逆向选择"

至今在我国广大农村地区,卫生医疗保障制度还是很不完善,部分原因就是"逆向选择"的存在。在新农合的建立过程中存在这样的现象,部分健康居民不愿意参加,愿意参加的大都是体弱多病年老居民,这种"逆向选择"的存在造成合作医疗筹资难、负担重,使合作医疗很难发挥其应有的保障作用。

"道德风险"还存在于医疗服务领域。当存在第三方付费的情况下,医生通常会做大检查、开大药方,增加许多不必要的开支,导致医疗卫生资源的浪费。因此,需要政府进行科学测算,制定合理的补偿标准和补偿范围,在超出标准的情况下,让患者承担更多费用,以约束患者行为,提高资源的利用效率。

(二)政府加大卫生投入,优化财政支出结构

改革开放以来,我国的卫生总费用在绝对数量上是逐年增加,然而这种增加趋势主要拉动因素是依靠个人卫生支出的大幅度增加,政府卫生支出占卫生总费用的比重远低于个人卫生支出

占卫生总费用的比重。与我国相反,发达国家的卫生总费用占GDP的比重和政府卫生支出占卫生总费用的比重都比较高。因此,为城乡提供均等化的基本医疗卫生服务,就必须优化现行的财政支出结构,加大政府卫生支出。只有财政卫生支出倾斜向农村才能改变基本医疗卫生服务城乡差距的现状。

从公平与效率的原则来看,政府卫生支出应该加大对农村地区的投入,用以帮助农民这一弱势群体摆脱因病致贫或因贫致病的局面。主要体现在两个方面:一方面,向所有公民提供公共卫生和基本医疗是政府的义务和责任,从而使所有公民享有均等化基本医疗卫生服务,符合公平原则。另一方面,由于农村居民在数量上占有优势且医疗服务水平远低于城市居民所享有医疗水平,按照边际效应递减规律,农民获得医疗卫生服务所产生的边际效用显然远大于城市居民,所以财政增加对农村地区的医疗卫生服务支出,是符合经济学效率原则。此外,从可能性角度来看,随着我国经济的高速增长,我国财政收入规模逐年大幅度提高,使我国具备充足的财力来保障实现"每人享有基本医疗卫生均等化服务",显然加大对农村地区财政支持就是解决这一问题关键。因此,中央政府可以考虑每年从财政支出中增拨一笔资金,专项用于支持农村基本医疗卫生服务建设。

实现公共服务均等化是政府间财政转移支付制度的基本目标,主要通过调节政府间的财权和事权关系、平衡地区间的财力差距,实现每个公民都能够均等地享受到政府提供的基本公共服务。对于基本医疗卫生服务来说,政府间财政转移支付制度在实现城乡基本医疗卫生服务均等化的功能主要体现在补助和再分配功能上。主要表现为:一方面是通过发挥中央财政的再分配功能,能够加大对相对落后的农村地区的政府间转移支付力度,从而逐步缩小城乡之间的财政能力差距;另一方面是通过发挥省级财政的补助功能,能够弥补县乡等基层政府财政支出产生缺口,从而提高基层政府为辖区提供基本医疗卫生服务的能力。在现实工作中,主要应重点解决好以下两个方面问题。一是减少纵向政府间转移支付环节。众所周知,我国财政转移支付主要采取纵向转移支付制度模式,中央、省级财力性转移支付往往因为中间环节过多、层层截留而达不到预期的效果,一般难以保证上级政府的财政转移支付资金真正完全用于实现城乡基本医疗卫生服务均等化的支出。

因此,笔者建议将中央或省级的卫生专项转移支付直接划拨给县乡等基层地方政府。二是采取因素法确定转移支付数额。主要通过建立城乡基本医疗卫生均等化的指标体系,对不同地区的医疗卫生服务体系状况进行评价测度,对存在严重的地区差距或城乡差距的指标,就应当按"因素法"确定转移支付的标准或数额,对老少边穷等特殊地区要给予特殊的权重。

(三)逐步建立城乡统筹的医疗保险体制

我国现行的医疗保障体系是由城镇职工基本医疗保险制度、城镇居民医疗保险制度和新型农村合作医疗制度等三个互相独立的系统构成的(俗称"三网")。这是城乡二元体制在医疗保障领域的反映,这种城乡割裂的医疗保障制度主要造成如下严重问题:首先是造成城乡分割,容易导致不同身份的人群享受不同的医保政策;其次是造成条块分割,导致城镇职工基本医疗保险制度、城镇居民医疗保险制度和新型农村合作医疗制度之间互不兼容、自成体系、协调困难、效率低下、资源浪费等问题;最后是造成新的起点不公平,继续实行"重城轻乡"的城乡二元医疗保险制度,非但有悖于城乡协调发展的初衷,也会导致严重偏离实现社会主义和谐社会的战略目标。无疑,当前要下大力气逐步整合我国城乡分割的医疗保险制度,逐步建立城乡统筹的医疗保险体制。

在如何建立城乡统筹的医疗保险体制上,我国部分地区已做了有益的探索,取得了一定成效。[①] 以重庆为例,首先打破城乡户籍界限,整合城镇非就业人口的城镇居民医疗保险制度和农村人口的新型农村合作医疗保险制度,统称为"城乡居民医疗保险制度",实现了"三网并两网"。在此基础上,再打破有无职业界限,即整合城镇就业人口的职工基本医疗保险制度和"城乡居民医疗保险制度",实现"两网并一网"。笔者认为,当前要借鉴重庆模式及经验,为了统筹城乡医疗保险制度,大体可以分"三步走":第一步是"结网",即要稳步推进现有的各种类型的医疗保险制度,建立一个网络全社会的医疗保障网,积极扩大医疗保险制度的覆盖面,力争实现城乡居民的全覆盖,以此为下一步的制度整合打下良好的基础。第二步是"三网并两网",即整合城镇非就业人口的城镇居民医疗保险制度和农村人口的新型农村合作医疗保险制度为城乡居民医疗保险制度。第三步实现"两网并一网",即城镇职工基本医疗保险制度、城镇居民医疗保险制度和新型农村合作医疗制度等三者融合在一起,建立一个具有中国特色的城乡一体的医疗保险制度。

---

① 李小北对话向春玲:《建立城乡一体的医疗保障体系》,http://www.ce.cn,2009年4月8日。

第七章　统筹城乡社会保障制度的财政支出结构优化

一、我国城乡社会保障存在的问题

二元特征是我国目前社会保障制度的一个较为突出的特征。在改革开放以前,一套较为全面的涵盖工伤、养老、生育、失业、医疗等方面保障体系已经在我国城市建立,而在农村仅仅建立了合作医疗、五保户、灾害补助等低层次、低水平的保障制度。自从改革开放以来,城市在社会保障制度建设方面取得了巨大进步,一系列较为完善的,能够基本符合城市居民需求的覆盖医疗保险、失业保险、工伤保险、养老保险、最低生活保障、生育保险等社会保障制度已经建立起。而农村的社会保障制度不但没取得进步,反而各种社会保障制度名存实亡,功能大量退缩。近几年,虽然政府在农村各个领域大力提倡、鼓励发展农村社会保障事业,也初步完善和建立了包括农村新型农村合作医疗、养老保障、农村最低生活保障等多项社会保障制度和体系,但是从实际上看,我国农村社会保障制度由于其地域的差异性,财政的贫瘠性,至今没有建立一套完整的农村社会保障制度,并且已经建立的都呈现出不稳定、差异化、碎片化的状态,基本没有发挥其功能。

(一)保障项目差异大、覆盖面相差较大

1. 广大农村社会保障存在整体性的制度缺失状态

随着社会经济的发展和人民生活水平的提高,社会保障制度

应该不断完善,社会保障体系应该不断健全,大体上也建立起能够抵御各种突发事件、适合城乡居民需求的各种社会保障项目。经过改革开放30多年的努力,我国在城市已经初步建立起涵盖养老、医疗、工伤、生育、失业、社会优抚与补助和城市最低生活保障等项目的广覆盖、多层次的完善的社会保障体系,保障水平也在不断提高。随着经济的发展,城市社会保障体系还在不断改革中,这将推动我国城市社会保障制度逐步走向完善。与城市社会保障如火如荼的发展态势和较全面的保障项目形成鲜明对比的是,广大农村社会保障却存在整体性的制度缺失状态。农村社会保障与城镇社会保障存在很大的差距,农村社会保障项目少,处于一种明显的残缺不全的状态。如表13所示:

表13　现行城乡社会保障比较情况

保障项目		城市	农村
社会保险	养老保险	普遍建立	新型养老保险 (试点)
	医疗保险	普遍建立	新型农村合作医疗 (普遍建立)
	失业保险	普遍建立	没有建立
	工伤保险	普遍建立	没有建立
	生育保险	普遍建立	在试点
社会福利		职工福利:福利设施、补贴、休假等公办福利;社区服务、福利院、敬老院、干休所等	公办福利:五保户供养、养老院等
社会救助 优抚安置 补充保障		最低生活保障制度及成式扶贫优待、抚恤、安置 企业保障、商业保险	农村救济、救灾和扶贫优待、抚恤、安置 少量商业保险

资料来源:人力资源和社会保障部网站。

基本养老保险是城市社会保障制度中的一个重要组成部分,但是从表13我们可知,其在农村中却没有正式建立起来,目前正在试点;医疗保险在城市的社会保障体系中也占有重要地位,近年来也在不断改革中,但是农村只是在近几年全面开展了新型农村合作医疗保险,而且在保障内容与水平上与城镇医疗保险有很大差距;生育保险在城市已经普遍建立,而农村仅有一些地区在试点;在社会救助方面,城市的最低生活保障制度和扶贫政策较为完善,落实得较好,在农村只有一些救灾、救济和扶贫;还有如工伤保险、失业保险,城市都已经普遍建立,而在农村则仍然是一片空白。此外,随着城市化和工业化进程的加速推进,有越来越多的农民失去了土地。据统计,1987—2001年,全国非农建设占用耕地3394.6万亩,其中70%是通过行政手段征用的。目前,我国失地农民总数约在5000万人左右,预计10年后我国失地农民将接近1亿。然而,我国现行的土地补偿办法并不能从根本上解决失地农民的社会保障问题。首先,现行的土地征用补偿标准的测算办法不够科学合理;其次,由于土地征用补偿标准测算办法不够科学合理,导致补偿标准过低,安置补助费用远远不能取代以往土地所具有的"最后保障"这一社会功能;再次,失地农民就业仍面临许多困难,在激烈的就业市场竞争中他们仍明显处于劣势。由于我国农民缺少受教育和培训的机会,文化素质和知识技能较低,失去土地后,他们在社会上的竞争能力十分有限,而由农村意识转化为城市意识,由农民的生活、生产方式和行为转化为市民的生活、生产方式和行为需要一个较长的时间,这期间他们必然面临各种风险。

2. 农村社会保障覆盖率偏低

城市社会保障经过几十年的发展,各项保障项目逐步建立,社会保障制度也在不断改革和完善中,城市社会保障吸纳了越来越多的城镇居民,社会保障的覆盖人数逐年递增,社会保障覆盖率越来越高。另一方面,农村社会保障长期被忽视,农村社会保障项目缺乏,加之政府的重视不够和资金的短缺,农村社会保障的项目建设、制度完善和扩面工作难以开展。农村社会保障覆盖率低,农村享受社会保障的人数少;与城镇居民存在很大差距。韩俊就曾指出:"从社会保障覆盖率来看,按享受社会保障的从业人员计算,农村的社会保障覆盖率只有30%,城乡社会保障覆盖率的比率为22:1"[①]。有资料显示,截止2007年底,城镇参加企业养老保险的覆盖率已经达到77%;失业保险覆盖率达到78%;城镇职工基本医疗保险参保人数比上年增长14.5%;工伤保险参保人数比上年增长18.5%。[②] 但是农村社会保障的覆盖面很小。世界银行对我国东部两个省农村低保情况的抽样调查发现,调查地区对非贫困家庭的错保率在50%以上,对贫困家庭的漏保率在75%以上。[③] 有调研报告显示,目前我国农民工参加养老保险和医疗保险的比例不到20%。[④]

表14　城乡社会保障覆盖人数　　　　　(单位:万人)

年份	参加基本养老保险人数	参加基本医疗保险人数	参加失业保险人数	参加工伤保险人数	参加生育保险人数	农村社会保险投保人数
1998	11203	509	7928	3781	2777	8025
1999	12486	470	9852	3960	3000	8000
2000	13618	4332	10408	4350	3002	6172
2001	14183	7630	10355	4345	3455	5995
2002	14736	9400	10182	4406	3488	5462
2003	15506	10902	10373	4575	3655	5428
2004	16353	12404	10584	6845	4384	5378
2005	17487	13783	10648	8478	5408	5442

①　韩俊:《中国:由城乡分割走向城乡协调发展》,《中国经济时报》2004年3月19日。

②　人力资源和社会保障部,2007年全国社会保险情况。

③　World Bank,An Evaluation Report on the Rural Dibao Program in China(an internal consultation paper),2006。

④　贡森:《加快建立农村社会保障制度实现城乡共赢》,《决策咨询通讯》2007年第6期。

续表 14

年份	参加基本养老保险人数	参加基本医疗保险人数	参加失业保险人数	参加工伤保险人数	参加生育保险人数	农村社会保险投保人数
2006	18766	15732	11187	10268	6459	5374
2007	20137	22311	11645	12173	7775	5171

数据来源:中华人民共和国劳动和社会保障部网站:《劳动和社会保障事业发展统计公报 1998—2007 年》。

从表 14 中可以得出,城市每年参加基本养老保险的人数都在逐步增加,由城镇居民享受的生育保险、失业保险、工伤保险的参保人数也在逐年递增。参加基本养老保险、基本医疗保险、工伤保险、失业保险的人数都分别达到了 2 亿、2.2 亿、1.2 亿 1.1 亿多人。而农村每年参加社会保险的投保人数却逐年下降,且幅度较大,从 1998 到 2007 年的 10 年间,从 8025 万下降到 5171 万。据统计截止 2007 年底,我国的农村人口总人口为 72750 万人[①],而农村社会保险的参保率仅为 7.1%。

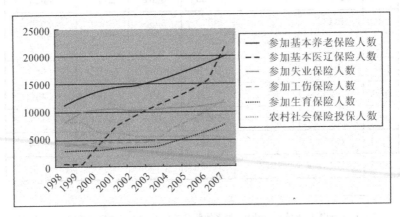

图 4 1998—2007 年我国参保人数趋势图

数据来源:表 14 中数据。

---

① 国家统计局:《中国统计年鉴 2008》,中国统计出版社 2008 年版。

由图 4 我们看到虽然其他险种的参保人数都每年都在增加、覆盖面越来越大,但是农村社会保险投保人数每年呈下降趋势。

(二)我国财政社会保障支出结构不合理

社会保障制度的一个重要目标就是保证社会公平,而我国城乡社会保障供给制度不仅不能保证社会公平,反而因结构失衡而加大了社会的不公平程度。多年以来,我国的城市社会保障得到良好的发展,保障水平相对比较高。而农村的社会保障没有得到政府重视和大力支持,城乡之间无论在社会保障覆盖面、社会保障投入上都存在很大的差异。而财政对于城乡的社会保障投入也体现了不公平的特点。相对于城市来说,农村财政社会保障支出在绝对数量和相对数量上都很少。这同农村人口所占全国人口的比重严重不对称,因而无法体现社会保障制度的公平性。占我国人口大部分的农村只享有社会保障支出相当少的一部分,而城市占有相当大部分的社会保障费用,这种差距不利于我国经济、社会的和谐发展。

1990—2003 年,农村社会保障支出占 GDP 比重基本每年在0.1%左右,城市社会保障支出占 GDP 的比重却一直稳定在7.3%的水平上[①]。城市人均享受的社会保障费约是农村人均的100 倍之多,(见表 15)两者差距之大居世界之首。

表 15 1991—2003 年我国人均社会保障支出状况 (单位:元)

项目 \ 年份	1991	1992	1993	1994	1995	1996	1997	1998	1999—2003
全国人均社会保障支出	150	178	226	275	334	385	429	452	623
城市人均社会保障支出	554	634	791	946	1131	1289	1410	1462	1843
农村人均社会保障支出	5.1	4.7	4.9	5.7	7.4	9.5	9.8	11.2	14.3

---

① 王国军:《社会保障:从二元到三元——中国城乡社会保障制度的比较与统筹》,对外经济贸易大学出版社 2005 年版,第 26—33 页。

综上分析,由于我国城乡间社会保障状况差异很大,这已经成为制约我国社会保障制度进一步改革和发展的瓶颈。尽管我国财政社会保障支出水平近年来一直处于不断提高的状态,但我们也必须清楚地看到我国的财政社会保障支出水平与同等经济条件下的其他国家相比还存在一定的差距,而且我国不同地区之间也存在差距。同时,大量的数据表明了在我国经济增长的过程中,财政社会保障支出没有获得相应的较快增长,从而使得社会发展与经济发展不相称。这主要表现在:一是财政在社会保障支出中所承担的份额依然是比较低的;二是在财政社会保障支出的获益方面,不同阶层或群体差异很大,不公平问题比较严重。因此,在经济发展水平允许条件下,政府应该加大财政社会保障支出的比重,提供更好的社会保障等基本公共服务,解决农村人口、低收入群体和弱势群体在这些服务方面的可获得性问题,实现社会更加公平。

(三)城乡社会保障管理体制的差别

新中国成立以来,由于政府部门的设置不够科学合理,导致社会保障体制一直处于不统一的状态。为了使管理上下一致,中央成立了劳动和社会保障部,至此城市社会保障管理逐渐结束分散的状态,转向统一,由现在的人力资源和社会保障部管理。对于农村的社会保障制度原本也应该由该部门统一管理(人力资源和社会保障部的主要职责就规定:统筹建立覆盖城市和农村的全面的社会保障制度),但是就现状来看,农村的社会保障管理体制仍然和原来差距不大。社会救助和社会福利主要由基层民政部门管理。

众所周知,管理体制是决定社会保障制度执行效率的成败的重要原因,政府正是看到了这一重要性,才成立了人力资源和社会保障部门,也体现了政府对社会保障事业的高度重视。当然,社会保障究竟是应由原来的各部委分头管理以突出劳动部门在与企业博弈中的信息优势,利用民政部门在与城乡社区博弈的信息优势,还是由一个部门统筹管理城乡社会保障制度,还是一个尚待讨论、有待社会保障部的统一管理优势逐渐显现的问题。社会保障制度管理体制中最重要的一个分支是社会保障基金的管理。目前我国城市的社会保障基金是由中央政府通过人力资源和社会保障部统一管理的,而农村的社会保障基金则仍然是由地方各级政府的下属机构来管理。政府要成功地管理基金,必须要有一个完善的监管体系,城市社会保障可以通过社会保障部的运作解决监管的问题,但是农村要有效地解决这一问题就非常困难。在实践中,农村社会保障基金难以实现保值增值,基金被挪用和挥霍掉的现象异常严重。农村社会保障管理体制上的问题是农村社会保障发展的一大障碍。

二、城乡二元社会保障制度形成的原因分析

(一)城乡二元化社会保津制度的形成是我国工业化战略取向的客观要求

前苏联经济发展模式为我国经济发展提供了方向,它作为世界上第一个社会主义国家,正是依靠工业化,不仅实现了经济上的超越,而且还在政治制度上全面超越了资本主义。因此新中国成立之初,我国提出了实现社会主义工业化的宏伟目标。我国二元化的社保制度的制定就是为这个目标服务的。首先,因为工业化就是以机器大工业生产代替传统手工业生产为特征的,社会化分工产生一个工人群体。他们不再从事农业劳动,而是大都集中与城市工厂从事非农业劳动,政府获得了他们劳动的主要成果,小部分劳工成果以工资形式作为自己个人或家庭的生活来源。当遭遇不确定性危险时,比如工伤、疾病、失业时,如果国家不采取恰当措施,工人的生活将会变得很艰难。故为工人建立社会保险制度就是一种客观必要。其次,农民可获得最基本的生活资料通过土地

劳动,这也是当初建立社会保险没有包含农民的一个原因之一,而为加速我国工业化发展提供稳定的农产品、资金来源则是一个重要原因。除海外殖民掠夺积累资金外,西方国家也是通过圈地运动取得为工业化发展的资金来源。当时国情就是我国是一穷二白的国家,又不能利用大量外资,所以加速工业化所需资金只有主要依靠农业积累,而凭借的手段就是剪刀差和税收政策,在上述情况下,我们就会明白为农民建立社会保险制度是不可能的。

(二)城乡二元化社会保障制度是城乡二元经济结构的产物

关于二元经济结构的定义比较多。主要是指在一个国家的经济中出现了经济和社会方面的分化,主要表现为不同部门和地区之间存在技术水平的差异、发达程度的差异,在对待本土和外来的社会制度方面存在着习俗和态度方面等差异。

就世界范围而言,二元经济结构并不是一种普遍现象,也不是发展的必经阶段。我国社会严重的城乡二元经济,这既是历史发展的必然,也是当时政策选择的必然。建国后,由于国际上对我政治上孤立,军事上威胁,经济上封锁,中央政府选择了前苏联模式以政府职能取代市场职能,以国家计划代替市场调节进行资源配置。在这种计划体制下,必然要求计划对象群体相对稳定,城市和农村作为社会经济的两大门类的相对稳定则是首先应该保证的。这是城乡壁垒的经济发展根源。在经济发展中,一系列现实的政治和社会问题又一步步促使城乡壁垒深化起来[1]。

中国城乡二元化的经济结构在工业化起步时期就严重存在,随着工业化的推进,这种情形理当逐步缓解,乃至最终消失。然而,计划经济体制一系列城乡分割的政策导致二元经济格局的凝固化,由此导致社会保障城乡二元化的长期存在[2]。

---

① 耿忠平:《社会保障学导引》,同济大学出版社 2003 版,第 263 页。

② 李迎生:《社会保障与社会结构转型》,中国人民大学出版社 2001 年版,第 68 页。

(三)城乡二元化社会保障制度与户籍制度和城乡分治的格局

我国城乡二元社会保障制度与户籍制度、就业制度息息相关。

其一是户籍制度。建国最初几年,国家对户口迁移的控制还是比较宽松的,当时城乡之间的户口迁移一般不受限制。1957年12月18日,中共中央、国务院联合发出《关于制止农村人口盲目外流的指示》,要求通过严格的户口管理,做好制止农村人口盲目外流的工作。1958年1月9日,毛泽东以主席令颁布了全国人大常委会通过的《中华人民共和国户口登记条例》。根据该条例,户籍管理以户为基本单位。只有当人与住址相结合,在户口登记机关履行登记后,法律意义上的"户"才成立。户分为家庭户和集体户。公民在经常居住的地方登记为常住户口,一个公民在同一时间只能登记一个常住户口。公民在常住地市、县范围以外的地方暂住三日以上的须申报暂住登记。婴儿在出生后一个月以内须申报出生登记,并随母落户。公民迁出本户口管辖区,必须在迁出前申报迁出登记,领取迁移证,注销户口。不按条例规定申报户口或假报户口者须负法律责任。《条例》第10条规定:"公民由农村迁往城市,必须持有城市劳动部门的录用证明,学校的录取证明,或者城市户口登记机关的准予迁入证明,向常住地户口登记机关申报办理迁出手续"。这样就正式确定了户口迁移审批制度和凭证落户制度,并以法规的形式限制农村户口迁往城市。

1958年9月和1962年12月,有关部门先后规定:"对农村县镇前往大中城市"及"中小城市迁往大城市的,特别是迁往北京、上海、天津、武汉、广州等大城市的"要严加控制。1977年11月,国务院批准了公安部《关于户口迁移的规定》,确定了户口迁移的主要原则:"从农村迁往市、镇(含矿区、林区等,下同),由农业户口转为非农业户口,从其他市迁往北京、上海、天津三市的,要严加控制。从镇迁往市,从小市迁往大市,从一般农村迁住市郊、镇郊农村或国营农场、蔬菜队、经济作物区的,应适当控制。"至此,以城乡二元为基本框架,由特大城市、大城市、中小城市、镇(含矿区、村区等)、市郊、镇郊、农村或国营农场、蔬菜队、经济作物区、一般农村梯次构成的等级制社会结构便完全成型了。有城市户口的,就可以享受城市的各项福利保障制度,没有城市户口的,就无法在城市生活和定居,更谈不上享受城市的福利保障。

其二是劳动就业制度。1952年8月1日政务院发出《关于劳动就业问题的决定》,指出在当时的历史条件下,国家还不可能在短期内吸收整批的农村劳动力到城市就业,因此必须做好农民的说服工作,当时城市的实际情况是,存在不少闲散劳动力,失业、半失业现象存在,1952年城市失业人员达376.6万,失业率高达13.2%,到1957年,失业率仍达5.外。至于农村,50年代即存在剩余劳动力,他们都有进城谋生的意愿。一遇灾荒,更有大批灾民背井离乡,成为所谓"盲流"。

事实上,农村人民公社为了大力发展农业生产也需要大量劳动力,城市工业化刚刚起步,就业位置有限,如果允许大批农民进城就业,不仅进城农民无业可就,而且会加重城市原有的就业压力。1957年12月13日,国务院公布《关于各单位从农村中招用临时工的暂行规定》,明确规定城市"各单位一律不得私自从农村中招工和私自录用盲目流入城市的农民。农业社和农村中的机关、团体也不得私自介绍农民到城市和工矿区找工作"。甚至规定:"招用临时工必须尽量在当地城市中招用,不足的时候,才可以从农村中招用"①。由上述可见,50年代形成的劳动就业政策,原则上规定城市劳动部门只负责城市非农业人口在城市的就业安置,不允许农村人口进入城市寻找职业。

上述政策的相继实施,是城乡二元社会保障制度出台并得以

---

① 《中华人民共和国法规汇编》(1957年7月—12月),法律出版社1958年版,第482—483页。

维持的前提与最直接根源。由于这些政策(制度)的长期存在而导致的我国独特的城乡二元社会格局的凝固化,则带来了社会结构转型的困难与二元社会保障体系向一体化过渡的艰巨性[①]。

三、统筹城乡社会保障制度的财政支出结构优化

(一)社会保障支出规模的优化

支出规模是政府在一定时期内提供的社会公共物品的货币量。影响财政支出规模的因素主要体现为制度和政策方面的因素。从制度上来说,财政体制作为基本的财政制度从根本上制约着财政支出的规模。这主要表现为:

其一,财政体制规范着中央财政与地方财政的关系,包括对地方财政支出构成和支出规模两个方面的约束,中央可以通过财政转移支付的形式,针对地方政府支出偏好采取利益诱导,比如通过补助或专项拨款使地方财政的支出方向和规模符合中央政府的意图和目标,在中国的单一制政体下,这种制度约束更为明显。财政体制下事权和财权的划分构成了地方财政支出规模的基本框架。

其二,政府公共物品的供给制度也是影响各级政府财政支出的制度约束之一。除了纯粹的公共物品由政府直接提供外,大部分的准公共物品存在着不同的供给形式。而不同的供给形式决定了社会资本形成机制的差别。与政府供给方式比较而言,私人资本的公共物品供给方式也可以提高公共物品的供给效用,减少各级政府财政在公共物品领域造成的资金沉淀和浪费现象,从而在不增加收入的情况下获得制度的乘数效应。

其三,根据制度经济学的理论,财政制度的良好运行还表现

---

① 李迎生:《社会保障与社会结构转型》,中国人民大学出版社 2001 年版,第72页。

为能够尽可能地减少交易成本,降低府际之间博弈过程中的沟通、摩擦以及管理等成本。从政策方面来看,政策因素对社会保障财政支出方面的影响主要体现为两个方面,一是中央政府的宏观经济政策,而是地方政府的各项具体的公共政策。首先,中央的宏观经济政策从根本上规定了府际间财政支出规模的性质。在扩张性的财政政策指引下,对公共基础设施支出的增加可以视为刺激需求的一种手段,而这一规划的实现要保证中央财政与地方财政支出之间的配套。其次,各项具体的公共政策成为指导公共生活的政策体系,如土地和住房政策、基础设施建设和管理政策、环境政策以及社会保障政策等。

公共政策主要围绕公共经济活动展开,因此,公共政策也就成为了财政支出的基本指南,如财政支出项目的轻重缓急、支出规模等都受到公共政策基本方向的指引。根据上述理论以及在第四章中对我国财政社会保障支出的分析和比较可以得出这样一个结论,就是我国的社会保障的总支出占 GDP 的比例是很低的,社会保障支出当中社会救助的支出比例也较低。社会保障支出水平低不仅造成了国民的养老保险福利、医疗保险福利等受到影响,社会救助支出的不足也会造成对城市低收入人口和残障人口救助保障的不足。

1. 扩大财政社会保障支出占 GDP 的比例

我国的财政社会保障支出要保持一个长期的增长速度才能同"广覆盖、低水平"的社会保障目标相适应。2008 年的美国次贷危机引发了全球性的金融危机和经济危机,在国际经济面临整体低迷的时期,我国在短期内由于市场变动导致的失业人口和返乡农民工都对社会保障政策提出了考验。在目前的经济态势下,一方面政府要通过积极的财政政策来刺激经济,另一方面也要增加社会保障支出尤其是针对失业人口的救助政策支出来缓解经济情势恶化带来的社会问题。

2.扩大财政社会保障支出占财政支出的比例

从 1998 年开始,我国连续 9 年采取积极的扩张性财政政策,刺激经济扩大内需,有效增加了国内需求,促进了国民经济的高速增长和经济结构的调整。从我国财政支出的结构来看,我国的财政支出仍旧以经济建设支出为主,尤其是一些建设项目的支出,与此同时,社会保障性的支出比例却远远低于处于同一国民收入水平的发展中国家。扩大财政社会保障的支出比例不仅仅要增加政策的财政社会保障支出,还要调整我国财政支出中的其他支出。进一步减少行政管理费和经济建设费及其他支出,提高行政管理费效率,减少重复管理和行政管理费用的提取比例。

(二)建立社会保障支出的转移支付制度

目前我国各级政府间社会保障支出效率低下,建立规范社会保障支出的转移支付制度是必然的选择。社会保障支出转移支付制度是财政为社会保障收入分配的公平,提高社会保障支出保障能力,将本级部分的社会保障收入按规范、科学、透明的方法无偿让渡给下一级财政、企业单位或个人的一种制度规范。

1.规范社会保障支出转移支付制度

转移支付制度的有效实行,是社会保障制度有效发展的重要保障。因为政府掌握着巨大的资金,负责公共物品的提供,有效分配资金,才能解决好人民生活保障的问题。政府级别不一样,所承担的责任并不一样,但是现在的问题是事权与财权并不匹配。地方承担着关于民生的很多事物,所以中央应当通过纵向转移支付来解决中央财政与地方财政之间、省级政府与县市级政府之间的资金不平衡。比如,中央政府承担绝大部分养老保险社会保障制度改革所引起的转职成本。但实际上运行社保制度的是地方政府,这样的话,实际上中央每年都在给地方政府"社会保障补助"。但是现在这个制度还不规范,没有固定的原则,操作具有弹性,容易引发下级政府对其上级政府的寻租行为,损害人民利益。因此,建立规范的转移支付制度才能改善我国社会保障的支出效率,让人民得到实惠。

2.通过建立同级政府之间的横向转移支付制度,解决同级政府之间不平等的社会保障差异

因为缪尔达尔的循环积累因果关系正是阐述了地区差别具有蜘蛛网状的发散性,只会越来越大,而不会自动缩小。要想消除地区差异,就必须依靠中央政府的纵向转移支付和地区之间的横向转移支付紧密配合。由于我国在各地实施的政策不一样,直接导致各地区的社会保障需求和攻击极其不平衡。比如新疆、西藏等边远地区和东北三省等老工业基地的养老保险需求就特别大,而在上海、深圳、山东、北京等经济发达的地区的养老保险和其他保险项目的需求则相对来说较小。但是我国的社会保障制度本身起步很晚,积累的资金有限,还没有必要通过地区间的社会保障转移支付制度来解决这厚重不平衡的问题。转移支付制度需要严格的规范,否则不能有效解决社保资金社保项目供求不平衡的问题,也没法缓和日益剧增的贫富差距和城乡差距。政府通过建立上下级政府之间的转移支付,还有个人之间的转移支付,能解决到个人层面上的问题,缩小个体之间的差异,提高人民生活水平。

(三)构建农村社会保障法

由于我国广大农村情况复杂,农村社会保障体系必定是一个繁复的系统。完善农村社保,需要前期仔细的调查、科学的设计、切实可行。人保、民政局、财政部等各个部门之间通力合作,研究,建立同一战线,确保社会保障的工作顺利展开。农村社保三大体系:新农合、最低社会保障,还有社会救助。抓好这三个,就能抓住农村社保的核心。

我国的政府管理机制涵盖省、市、县、镇、村五个等级,农村社保也相应有五个等级,要提高效率,就必须精简层级。对人力、财力、物力进行有效的整合,探索研究建立乡镇、村建立新型养老、

低保、救灾救济一体化的社会保障服务制度,优化资源配置,实现资源共享,从而提高服务的质量,为农民提供更方便更快捷更好的服务。地方性差异的存在,给了立法创新的空间,结合当地实际情况制定更为贴切的法律。改善基层工作环境,充分利用网络,加强社保信息化建设,以达到资源共享的目的。采取多种宣传方式,扩大服务范围,方便农民参保和各项社保资金的发放。申请、核查、审批、公示和备案等各个环节,应当公开透明,以确保农村社保政策的全面落实。要完善农村社会保障制度,就必须进行农村社会保障立法,因为法律具有很强的约束性,能够对改进农村社会保障制度起到保障作用。我的观点是首先制定社会保障法,作为农村社会保障法的母法,在此基础在制定农村社会保障法等单行法。为了显示国家政策的公平性和同等对待城乡居民,社会保障法应把城市和农村居民作为平等主体进行统一规定,同时根据农村的特点进行特别规定。至于相关子法,应不同情况不同对待。但在现阶段那些方面是统一立法?哪些方面是区分立法?在我看来,生育保险、最低生活保障、户口管理、优抚保障等方面,城市与农村应该同等对待。因此,在上述方面,可以实行城乡统一立法。至于养老保险、失业保险等方面,由于农村居民和城市居民所面临的生活压力差异很大,而且这种情形在较短时期内发生根本的变化是不可能的,所以,在这些领域,至少在目前,分别立法的模式是最好的选择,可分别制定《农村养老保障法》、《农村劳力失业救济法》等。为体现城乡协调发展的基本精神,上述立法也应当以城市的相关制度为参照物,努力做好城乡社会保障协调和衔接方面的相关制度安排,特别在保障服务方面,应当尽量缩小城乡差别。

(四)为失地农民建立社会保障体系的相关建议[①]

建立失地农民社会保障制度,有利于社会稳定和经济发展。

---

① 张怀雷、陈妮:《为失地农民建立社保体系的紧迫性》,《中国社会科学报》2010年第148期,2010年12月16日,第11版。

国土资源部提供的数字表明,目前群众反映征地纠纷、违法占地等问题的占信访接待部门受理总量的73%,其中40%的上访人诉说的是征地纠纷问题,其中又有87%反映的是征地补偿安置问题。这意味着城市化进程愈快,失地农民问题就愈突出,如不及时引导,必然会对整个社会甚至国家的发展产生影响。

如何建立合理的失地农民社会保障体系?针对这一现实问题,笔者提出几点相关建议。

第一,设立失地农民社会保障基金这有助于降低失地农民面临的风险,促进社会稳定发展。由国家财政全部负担失地农民社会保障是不现实的,我们认为,征地过程中土地补偿安置费以及土地转用后的增值收益应成为失地农民社会保障基金的主要来源。但是,目前征地补偿安置费标准低以及增值收益分配不合理的状况,在一定程度上妨碍了失地农民社会保障基金的设立。因此,必须改革现行的有关征地补偿和安置办法,严格区分公共利益和非公共利益两种不同类型的征地行为,分别采用不同的征地补偿和安置标准,并明确规定补偿和安置费必须用于建立失地农民的社会保障基金。与此同时,还应加强社会保障基金的规范运营。失地农民社会保障基金能否高效运营、保值增值,不仅关系到广大被保障对象的切身利益能否得到保障,而且关系到失地农民社会保障体系能否高效运行。在我国,没有必要像智利等国家那样将社会保障基金全部交由私营机构经营管理,但可以交由银行或其他金融机构经营管理,并引入竞争机制来促进基金的保值增值。要保证失地农民社会保障基金的顺利保值增值,就必须实现投资方式多元化,应适当涉足实物投资、银行存款、各种债券、股票、投资基金、抵押贷款、外汇、期货和国际投资等,在确保安全性的前提下,充分体现基金的收益性。当然,还应注意加强社会保障基金的监管。

第二,明确失地农民社会保障体系的构成内容,主要包括失地农民最低生活保障、失地农民的养老保障、失地农民的医疗保障。

第三,人力资本投资也是建立失地农民社会保障的一种方法。著名经济学家赫克曼指出,人力资本不仅是中国财富状况的最终决定因素,也是可持续增长和效率与公平同时实现的关键。对农村进行人力资本补偿,不仅可以增加农村人力资本的存量,而且可以改善农村劳动力市场的供给状况,有利于减轻农村农民教育、卫生保健等方面的负担,提升农村劳动力的素质,进而更好地保证对先进的城市工业部门稳定有序的劳动力供给,持续推进中国的经济增长,促进中国比较优势的挖掘与发挥。同时,农村劳动力综合素质的提高,又有利于促进农业产业结构升级、农民非农化转移,增加农民创收的途径,从根本上保证农民增收,缩小城乡收入差距,从而可以有效地解决失地农民的社会保障问题。学者贝克尔在其重要著作《人力资本》一书中指出:"通过增加资源而影响未来的货币和物质收入的各种活动,就叫人力资本投资。"可见,人力资本投资涵盖的内容相当广泛,主要包括以下几方面:各级正规教育、在职培训活动、用于改善健康状态所花费的时间、父母用于照看子女所花费的时间、人们寻找工作的活动、个人或家庭的迁移。前四个方面可以总结为教育与培训和卫生与保健,它们基本都属于社会保障的组成部分,因此可以说社会保障是人力资本投资的基本形式;后两者可以总结为寻业与流动迁移活动,属于我们研究的城乡劳动力市场建设中的核心内容。同时,我们要看到社会保障是人力资本投资的效益载体,人力资本投资与社会保障之间存在着密切的关系,高人力资本投资必须有健全的由社会保险、社会福利、社会救助、优化安抚等组成的社会保障为基础。只有在社会保障与人力资本投资相协调的情况下,才能达到人力资本效益最大化。反过来,在有完善社会保障体系支持的社会基础环境中,更多的人力资本投资将带来社会经济的繁荣与可持续发展,进而从经济物质条件上促进社会保障制度的完善。

人力资本投资在初次分配领域影响人们的工资水平,进而对再分配领域的社会保障也有深刻的影响。人力资本投资对社会保障的影响表现在两个方面。从宏观的角度看,人力资本的增长有利于对劳动者权利的制度保护力度的扩大,有利于国民收入中劳动所创造的价值的份额的增大。人力资本的增长带来了对制度的新需求,一些政治的法律的制度尤其受这些新需求的影响,例如,劳动的法定权利被加以扩大,对工作资历和工作安全的保护在不断增强,总之,对社会保障的需求不断地增长。从微观的角度看,人力资本投资有助于提高劳动生产率,获得更高的收入;有助于提高人们的"企业家"才能;有助于提高应对与经济现代化相关联的不平衡状态的能力,例如,增加就业机会;也有助于增加人们的额外福利,例如,增加养老、医疗等社会保障基金的积累,从而增强当前消费和未来消费的满足感。

(五)配套措施:城乡基本养老保障一体化的制度设计

1. 基本养老保障基金的筹集

建立城乡一体化的基本养老保障制度,归根结底是"钱"的问题,也就是城乡一体化基本养老基金的来源问题。一般来讲,养老资金主要来源于个人缴费、雇佣单位缴费和政府转移支付三个方面。但是考虑到在实施城乡一体化基本养老保障制度的过程中,除了行政机关、企事业单位的从业者有较稳定的工作单位外,其他如从事农业和畜牧业生产的农村人口、农村失地人员以及自谋职业的个体工商户均没有相应的受雇佣单位。因此,在基本养老保险基金的征缴上,可以考虑通过以下措施:

首先,国家应通过强制手段促使所有单位(包括国有、集体、联营、股份制、外商投资、港澳台等经济单位、乡镇企业、事业单位政府机关和其他经济单位)雇佣劳动力(各类职工,包括农民工)超过一定期限后(如3个月),雇主和职工个人必须向当地的社会保障管理部门缴纳国家规定的、占职工工资一定比例的社会基本养老保障费,并以各单位,尤其是各经济单位(各类企业)是否按有能力为本单位员工缴纳基本社会养老基金为批准其登记、注册的前提条件。社会保障管理部门再按一定比例把缴款分别划入职工个人账户和统筹账户。

其次,对于国有和集体企业存在的社会养老保险"隐性债务"问题,国家要及时通过财政资金划拨、发行特种社会养老国债和变现部分国有资产等办法予以解决,并在此基础上可以考虑将住房公积金账户与养老保险基金的个人账户打通(新加坡就是如此),在不降低住房公积金缴费率的前提下,将其余额用以弥补养老金负债(这是因为住房公积金的主要用途是用来贷款买房,短期内住房贷款的需求量比较集中,待职工退休或拥有住房后要偿还给其本人。),或将现有的公有住房售卖收入用于弥补养老金负债。

最后,对于城镇自由职业者、自营业者的基本养老保障社会统筹部分应划定为强制征缴,以个人缴纳为主。在此基础上,政府可以通过税收优惠和必要的财政补贴给予相应比例的支持(此缴费方式主要是考虑到个人和国家责任的合理划分,以及防范当这部分人员达到退休年龄时,由于自身基本养老储蓄不足而遇到的基本养老困难的问题)。由于这类人员没有雇主为其个人账户注入资金,所以他们的社会养老保障个人账户部分应依据个人的意愿由其个人缴纳。

由于从事种植和畜牧业生产的农民基本是以农业生产为主要谋生方式,没有雇主为其基本社会养老账户注入资金,对于他们的基本社会养老保障问题,国家和地方政府可以依据他们每年实际的土地耕种面积(林地种植面积),或农作物产量(畜牧产量),按照国家给予的补贴标准,把相应的补贴资金划转到他们的基本养老社会统筹账户,实现国家统筹(农业生产关乎国家的基本粮食安全,农业生产者历史上和目前也一直为国家的稳定和经济发展做出了巨大牺牲,国家积累的相当部分来自农民,国家应该对此予以必要的补偿)。对于个人账户部分,可以采取个人缴费为主,各地区和当地村集体依据当地的实际发展状况和参保个人的经济状况及实际需求,再给予适当补贴的办法。考虑到全国各地区农村居民收入货币化程度的不同,其中个人缴纳部分可以用货币和实物(主要是农作物实物)两种支付方式。

由于农村家庭收入的不平衡性和农民收入的灵活性多样性,很难进行考核和计量,而且农民收入是以年为时间单位的,要到年底才进行结算。因此,缴费档次的划分不易与农民的个人收入挂钩,而应以农民的人均年纯收入为基数,并根据其变化加以调整,以保证养老保险费用分担的均衡和养老金的保障能力。同时,具体参保人员可以根据其经济承受能力自行选择参保档次。由于农民收入的不定性,保险对象可以视经济收入情况预缴和补缴保险费,经济条件好时提前缴纳,遇到天灾人祸时可暂时停缴。当农民年老领取基本社会养老金时,国家应对他们的土地所承包权进行相应调整。对农村中"三无"人员、高龄老人、残疾人、优抚对象、赤贫者,凡不能自食其力的,在国家和集体帮助解决其养老、医疗、最低生活等项社会保障的前提下,可以收回其土地使用权。

对于在城市或其他地方打工或工作的进城务工人员(农民工),其工作期限超过一定时间后(例如6个月),雇主和雇工必须按雇工工资的法定比例向社会保障管理机构缴纳社会基本养老保障费,社会保障管理机构按一定的比例把缴来的资金分别记入雇工的个人账户和社会统筹账户,把进城务工人员(农民工)纳入既有的城镇社会保障体系中的过程中。

对于失地农民的基本社会养老保障基金的征缴问题,国家和地方政府应采取"谁占用,谁负责"的办法,改革和完善现有的农村征占土地的程序和补偿方法,通过市场化的土地使用权转让价值的科学评估和土地使用权交易市场的建设,做到对所占用土地价格的合理补偿。具体办法可采用国家强制性的措施把一部分失地农民获得的土地补偿金划转到他们的基本养老基金社会统筹账户。至于失地农民基本社会养老基金的个人账户部分,国家和各地区可以考虑依据失地农民的意愿和本地的具体政策,采取"国家和地方财政补一点,个人交一点"的办法予以建立和完善。失地农民有就业能力而且可以由占地单位解决就业的,由各用地单位负责他们的就业,同时可以考虑给予占地单位一定的土地补偿金优惠。

对于失地后的不能解决就业的人员,国家和地方政府及用地单位应采取其他配套办法,加强其相关的社会福利事业的建设,保证此类人员生活和健康,共享经济和社会发展成果。

2.基本养老金的发放

在对基本养老金发放的管理上,国家应坚持全国统筹,专款专用,全国集中支付,按照城乡参保人员各自不同的参保年限确定其领取养老金的标准。通过建立覆盖全体公民的社会保障个人账户和统一的账户的号码,实现全体参保人员社会保障的信息化管理和养老金缴纳凭证的可携带性,做到全国通用,以保证参保人员养老金缴纳及享受的终身有效性。参保人员无论到哪个地方工作,都可以按规定由雇主和个人向自己的账户注入一定比例的社会保障费,并按规定的程序和条件领取基本养老金。病残以及由于从事特殊职业而提前退离就业岗位的城镇就业者和农村务农人员,按情况不同分别享受"社会救济、工伤、医保"等保障形式。其费用主要由企业和村集体承负,政府给予相应补贴,待这些人员达到退休年龄后,再领取养老金。各省市养老基金缺口的弥补,由中央财政和地方财政共同承担。中央财政的补贴标准按各省市人均工资水平、养老金代替率、职工人数以及退休人员与职工人数的比例(抚养比例)进行核定。对于已经纳入到城乡统一的基本社会保障体系的农村进城务工人员,国家要不失时机地对他们承包的土地权益进行合理的调整。

在推行和实施社会保障城乡一体化的前提下,对有稳定的非农职业和稳定收入来源的农民和已迁入城镇谋生居住的农民,通过以土地承包权换取基本社会保障权的方式,适时收回他们的土地承包权,给予他们相应的基本社会保障,从而实现农村土地的合理集中;其次,国家通过制定相关的政策,强制达到劳动年龄的在乡务农和外出打工的农民参加养老社会保险,对达到领取养老保险金的法定年龄者,收回其土地承包权;对达到养老保险金领取的法定年龄而投保年限未满15年的,国家可以提前收回其土地承包权,并把土地承包权有偿流转的一部分收益作为这部分人的基本社会保障基金专项补贴,用于补足投保年限不足的差额部分,使其能够享受享受到基本社会养老待遇。这样既有利于建立城乡一体化的农村社会保障,又有利于解决当前农村土地小规模、分散经营的弊端。

(六)配套措施:最低生活保障一体化的制度设计

1.最低生活保障资金的筹集

由于保障全体国民,特别是贫困群体的基本生活是任何一个政府最起码的责任,也是政府管理社会公共事务的主要职责之一,因此最低生活保障资金的来源应主要以国家财政支出为主,社会捐助为辅,"低保"资金的投入也应主要针对贫困落后地区。由于目前中央财政财力有限,难以全部负担广大城乡低保人口,为让地方担负起相应的责任在具体操作上,可以考虑根据各地区的经济发展状况,由地方财政和集体承担一定比例的"低保"资金,其次,国家可借鉴国际经验,通过改革税制,开征社会保障税、遗产税等新税种和扩大现有的彩票品种,发展社会主义博彩业的办法,解决最低生活保障基金筹集难的问题(目前国际上许多国家开征了社会保障税并实现了博彩业的合法化）；再者，要充分调动民间的积极性，通过大力发展社会慈善事业和持续开展社会募捐活动来募集必要的"低保"资金。

2. 最低生活保障的实施

在具体实践中，最低生活保障对象的认定应以最低生活保障线为依据，做到"既保障城乡贫困家庭的基本生活，又不养懒汉"的效果。在"低保"对象的确定上，应重点对那些无劳动能力、无收入来源及无法定抚养义务的老年人、未成年人、残疾人等和意外事故、恶性重病或因自然灾害造成生活水平低于最低生活保障标准的对象实施保障；对于不能适应市场竞争和生产经营不善或由于企业破产倒闭，一时生活陷入困境的职工，也可以考虑把他们纳入到"低保"对象的含盖范围；对于家庭有就业能力的成员、又无正当理由拒绝就业，不自食其力的和家庭拥有闲置的生产性设施或除住房等基本生活必需品外的非生产性物品，按变现后计算，人均值为当地最低生活标准 6 倍以上的（具体标准可根据当地的实际情况确定）以及由于游手好闲、超计划生育或因奢侈浪费造成生活困难的则不予纳入保障范围；至于尚有一定收入，但家庭人均年收入低于当地最低生活保障标准的人员，可以考虑实行通过差额补助的方式，保证他们的最低生活。在以家庭人均年收入为标准来确定"低保"对象时，主管部门要注意贫困家庭收入的货币化问题，在以市场价格为标准折算实物收入时，充分考虑物价的变动，将名义收入转化为实际收入。

在具体的操作中，主管部门要在全面调查了解掌握贫困家庭的成员结构、收入水平、生活费支出、致贫原因等情况的基础上，结合最低生活保障线标准的确定，分类别、分情况制定出属于保障对象的条件与范围，严格按审批程序进行：首先，申请人须向户籍所在地的村、社区居民委员会提交书面申请，并出具身份证、户口簿、家庭收入情况等证明材料；其次，村、社区居委会收到申请后,组织人员进行走访调查,对符合条件的在村、社区居委会进行公示,征求群众意见,无异议的上报上一级政府;对不符合条件的,由社区居委会和村集体在规定的时间内予以及时答复;再者,上一级政府可委派民政部门牵头,财政、统计、残联等部门以及村(社区居委会)干部配合的监督委员会,对各低收入户调查摸底,对审核合格的申请人再次公示,无异议的在规定时限内上报地方民政部门审批,以真正保障那些急需最低生活保障的城乡贫困人口公平地享受最基本的生存权。

参考文献

一、著作类

[1] 朱明熙:《西方财政研究》,西南财经大学出版社 1999 年版。

[2] 刘邦驰、王国清:《财政与金融》,新南财经大学出版社 2002 年版。

[3] [英]亚当·斯密:《国民财富的性质和原因的研究》,郭大力、王亚南译,商务印书馆 1972 年版。

[4] 林善浪、张国:《中国农业发展报告》,中国发展出版社 2003 年版。

[5] 王伟光:《建设社会主义新农村》,中共中央党校出版社 2006 年版。

[6] 马克思、恩科斯:《马克思恩格斯选集》(第 2 卷),人民出版社 1972 年版。

[7] 许毅:《从百年屈辱到民族复兴》(第 1 卷),经济科学出版社 2002 年版。

[8] 许毅:《从百年屈辱到民族复兴》(第 4 卷),经济科学出版社 2005 年版。

[9] 中央文献研究室、国务院发展研究中心:《新时期农业和农村工作重要文献选编》,中央文献出版社 1992 年版。

[10] 林善炜:《中国经济结构调整战略》,中国社会科学出版社 2003 年版。

[11] 王国军:《社会保障:从二元到三元——中国城乡社会保障制度的比较与统筹》,对外经济贸易大学出版社 2005 年版。

[12] [美]哈尔·瓦里安:《微观经济学(高级教程)》,经济科学出

版社 1997 年版。

[13] [美]保罗·威尔斯:《后凯恩斯经济理论》,瞿卫东译,上海财经大学出版社 2001 年版。

[14] [美]David·N. Hyman:《财政学:理论在政策中的当代应用(第8版)》,北京大学出版社 2005 年版。

[15] [美]罗伯特·S. 平狄克、鲁宾费尔德:《微观经济学》,张军、罗汉、尹翔硕、谢识予译,中国人民大学出版社 2000 年版。

[16] [美]多恩布什、费希尔、斯塔兹:《宏观经济学》,范家骧、张一驰、张元鹏、张延译,中国人民大学出版社 2000 年版。

[17] [美]朱·弗登博格、[法]让·梯若尔:《博弈论》,黄涛等译,中国人民大学出版社 2002 年版。

[18] [美]哈维·S. 罗森:《财政学》,平新乔、蒋勤发、扬月芳等译,中国人民大学出版社 2006 年版。

[19] [英]伊特韦尔:《新帕尔格雷夫经济学大词典》,法律出版社 1996 年版。

[20] [美]保罗·萨缪尔森、威廉·诺德豪斯:《经济学》,华夏出版社 2003 年版。

[21] 许彬:《公共经济学导论》,黑龙江人民出版社 2003 年版。

[22] 杨红:《中国农村公共产品特殊论》,中国税务出版社 2006 年版。

[23] 陈工:《公共支出管理研究》,中国金融出版社 2001 年版。

[24] 刘溶沧、赵志耘:《中国财政理论前沿》,社会科学文献出社 1999 年版。

[25] 张馨、杨志勇:《公共财政理论与体制框架构建》,社会科学文献出版社 2001 年版。

[26] 张昭立:《财政支出改革研究》,经济科学出版社 2001 年版。

[27] 刘玲玲:《公共财政学》,清华大学出版社 2000 年版。

[28] 何振一:《理论财政学》,中国财政经济出版社 1987 年版。

[29] 王绍光:《美国进步时代的启示》,中国财政经济出版社 2002

年版。

[30] 平新乔：《财政原理与比较财政制度》，上海人民出版社 1995
年版。

[31] [日]速水佑次郎、[美]弗农·拉坦：《农业发展的国际分
析》，郭熙保、张进铭译，中国社会科学出版社 2000 年版。

[32] [日]速水佑次郎、神门善久：《农业经济论》，沈金虎、周应
恒、张玉林等译，中国农业出版社 2003 年版。

[33] [美]西奥多·舒尔茨：《经济增长与农业》，郭熙保等译，北
京经济学院出版社 1991 年版。

[34] [美]西奥多·舒尔茨：《改造传统农业》，梁小民译，商务印
书馆 1991 年版。

[35] 朱希刚：《跨世纪的探索，中国粮食问题研究》，中国农业出
版社 1997 年版。

[36] 郑新蓉：《现代教育改革理性批判》，人民教育出版社 2003 年版。

[37] [美]黄佩华、迪帕克：《中国：国家发展与地方财政》，吴素
萍、王桂娟译，中信出版社 2003 年版。

[38] 李秉龙、张立承：《中国农村贫困、公共财政与公共物品》，中
国农业出版社 2004 年版。

[39] 李卫平：《中国农村健康保障的选择》，中国财政经济出版社
2002 年版。

[40] 郭庆旺、赵志耘：《财政理论与政策》，经济科学出版社 2003
年版。

[41] 武彦民：《财政学》，中国财政经济出版社 2004 年版。

[42] [美]大卫·海曼：《财政学理论在政策中的当代应用》，张进
昌译，北京大学出版社 2006 年版。

[43] 郑功成：《社会保障学》，中国劳动社会保障出版社 2005
年版。

[44] 黄恒学：《公共经济学》，北京大学出版社 2002 年版。

[45] [美]哈尔·瓦里安:《微观经济学(高级教程)》,经济科学出版社 1997 年版。

[46] 申曙光:《我国社会医疗保障对城乡贫富差距的影响》,中国社会保障论坛组委会:《第二届中国社会保障论坛文集》,中国劳动社会保障出版社 2007 年版。

[47] 郑功成:《社会保障学》,中国劳动社会保障出版社 2005 年版。

[48] 李剑阁:《农民就业、农村金融和医疗卫生事业问题的几点意见》,吴敬琏:《比较》,中信出版社 2003 年版。

二、期刊类

[1] 朱明熙:《西部开发能实行"小政府,大市场"的发展机制么?》,《经济学家》2005 年第 3 期。

[2] 施峰:《缩小居民收入差距:中国和平发展鱼待解决的一个重要问题》,《经济研究参考》2005 年第 38 期。

[3] 张震:《江苏城乡居民收入差距实证分析》,《学海》2003 年第 5 期。

[4] 王朝才、吴晓娟:《"三农"问题及政府相关政策选择》,《财政研究》2003 年第 6 期。

[5] 李实等:《中国城乡收入差距调查》,《财经》2004 年第 4 期。

[6] 陈志安:《山东省城乡区域间居民收入差距扩大的原因分析》,《山东经济》2000 年第 5 期。

[7] 国家计委宏观经济研究院课题组:《中国城镇居民收入差距的影响及适度性分析》,《管理世界》2001 年第 5 期。

[8] 林伯强:《中国的经济增长、贫困减少与政策选择》,《经济研究》2003 年第 12 期。

[9] 李实:《中国个人收入分配研究回顾与展望》,《经济学》2003 年第 2 期。

[10] 刘文忻、陆云航:《要素积累、政府政策与我国城乡收入差

距》,《经济理论与经济管理》2006 年第 4 期。

[11] 陆铭、陈钊:《城市化、城市倾向的经济政策与城乡收入差距》,《经济研究》2004 年第 6 期。

[12] 郭玉清:《中国财政农业投入最优规模实证分析》,《财经问题研究》2006 年第 5 期。

[13] 李涛、孔国梁:《财政支农对我国农业经济增长贡献的研究》,《财经界》2006 年第 2 期。

[14] 孙长清:《我国政府支出对经济增长拉动作用研究》,《财经理论与实践》2005 年第 11 期。

[15] 马树才等:《经济增长与最优财政支出规模研究》,《统计研究》2005 年第 1 期。

[16] 米强:《我国农业财政支出的现状、问题及对策浅析》,《农业经济》2006 年第 9 期。

[17] 魏朗:《财政支农支出对我国农业经济增长的研究——对 1999—2003 年农业生产贡献率的实证分析》,《中央财经大学学报》2007 年第 9 期。

[18] 徐理结:《我国农村合作经济组织的实践与发展研究》,《经济问题探索》2006 年第 6 期。

[19] 朱林兴:《论城乡二元结构与农村城市化》,《财经研究》1995 年第 2 期。

[20] 张玉林:《我国城乡教育差距》,《战略与管理》2002 年第 6 期。

[21] 陈武元:《科学发展观破解"三农"问题》,《毛泽东思想研究》2005 年第 7 期。

[22] 贡森:《加快建立农村社会保障制度实现城乡共赢决策》,《咨询通讯》2007 年第 6 期。

[23] 马晓河:《统筹城乡发展要解决五大失衡问题》,《宏观经济研究》2004 年第 4 期。

[24] 傅志华、赵大全:《财政支持新农村建设存在的问题及对策建议》,《中国财政》2007年第12期。

[25] 张朝阳:《我国乡镇卫生院发展现状及其影响因素分析》,《中华医院管理杂志》2005年第6期。

[26] 卢盛峰、彭鹏:《全国31个省份劳动与社会保障部门的效率分析及数值优化》,《法制与社会》2007年第4期。

[27] 罗永泰、王丽英:《论城乡公共产品的隐性需求开发与有效供给》,《中央财经大学学报》2006年第10期。

[28] 马晓河:《统筹城乡发展要解决五大失衡问题》,《宏观经济研究》2004年第4期。

[29] 民建中央专题调研组:《缩小城乡差距实现统筹发展》,《经济界》2005年第4期。

[30] 沈百福:《义务教育投入的城乡差异分析》,《教育科学》2004年第3期。

[31] 陶勇:《中国农村公共产品供应的理论研究》,《学习与探索》2006年第3期。

[32] 吴孝政、谢芳:《我国城乡公共产品供给平衡的现状及政策选择》,《法制与社会》2006年第2期。

[33] 徐强、王耘:《浅议农村公共产品财政投资机制创新》,《经济体制改革》2006年第3期。

[34] 杨翠迎:《中国社会保障制度的城乡差异及统筹改革思路》,《浙江大学学报(人文社会科学版)》2004年第3期。

[35] 李同彬:《统筹城乡公共产品供给构建和谐社会关系》,《农业经济》2006年第1期。

[36] 胡东兰:《我国农村义务教育财政投入分析》,《甘肃农业》2005第8期。

[37] 崔民初:《我国现阶段义务教育供求失衡的原因及对策研究》,《教育与经济》2003第4期。

［38］滕艳军、刘娟:《论城乡统一的医疗保障制度的构建》,《黑龙江省政法管理干部学院学报》2007年第1期。

［39］郎君立:《农村义务教育投入主体的确认与思考》,《四川教育学院学报》2005年第9期。

［40］江文涛:《农村义务教育投资的地区差异》,《财经科学》2006年第3期。

［41］谭立娜:《农柯新型合作医疗的发展和思路探索》,《经济咨询》2007年第1期。

［42］刘泽云:《政府如何为农村义务教育买单》,《华中师范大学学报》2005年第5期。

［43］崔民初:《我国现阶段义务教育供求失衡的原因及对策研究》,《教育与经济》2003年第4期。

［44］王勇试:《论新形势下农村义务教育经费保障机制的构建》,《内蒙古师范大学学报》2004年第10期。

［45］窦艳芬、姜岩:《完善我国新型农村合作医疗制度的思考》,《农业经济》2008年第1期。

［46］彭浩:《从社会公平角度审视中国城乡二元结构》,《西农学报》2006年第10期。

［47］曹笑辉、孙淑云:《实现"全民医保"的瓶颈与基础条件——论新型农村合作医疗与城镇居民基本医疗保险的制度对接》,《中共山西省委党校学报》2008年第1期。

［48］钱志鸿、岳丹:《基于空间视角的城乡止元关系研究》,《重庆工商大学学报》2007年第6期。

［49］陶勇:《农村公共产品供给与农民负担问题探索》,《财贸经济》2001年第10期。

［50］何乘材:《农村公共产品、农民国民待遇与农业发展》,《中央财经大学学报》2002年第11期。

［51］胡兴禹:《对我国农村公共产品非均衡与农民收入增长问题

的探讨》,《山东省农业管理干部学院报》2004 年第 3 期。

[52] 岳军:《农村公共产品供给与农民收入增长》,《山东社会科学》2004 年第 1 期。

[53] 李成贵:《推进农业结构战略性调整若干深层政策问题的思考》,《调研世界》2000 年第 8 期。

[54] 张晓山:《农业结构调整五大问题应重视经济》,《工作导刊》2000 年第 22 期。

[55] 李纯英:《国家投资进行农业基础设施建设是增加农民收入的新途径》,《经济问题》2001 年第 12 期。

[56] 苑继宁:《试论城乡医疗保障均等化》,《人人健康(医学导刊)》2008 年第 4 期。

[57] 侯志阳:《我国城乡二元社会医疗保险体系衔接探析》,《中国矿业大学学报》2003 年第 1 期。

[58] 侯明喜:《统筹城乡医疗保险体制——重庆市的初步实践及发展路径》,《经济体制改革》2008 年第 1 期。

[59] 赵永生、郝佳、李鹏等:《构建城乡统筹的社会医疗保障体系初探》,《卫生经济研究》2008 年第 9 期。

[60] 赵荣祥:《我国农村剩余劳动力转移的制约因素及对策》,《理论前沿》2008 年第 8 期。

[61] 聂文、王瑞林:《统筹城乡发展:构建和谐社会的重中之重》,《中共山西省委党校学报》2005 年第 6 期。

[62] 钱志鸿、岳丹:《基于空间视角的城乡止元关系研究》,《重庆工商大学学报》2007 年第 6 期。

[63] 郑功成:《农民工的权益与社会保障》,《中国党政干部论坛》2002 年第 8 期。

[64] 宫晓霞:《农民工社会保障制度探析》,《乡镇经济》2005 年第 7 期。

[65] 卢海元:《适合农民工特点社会养老保险制度的初步设想》,

《农村工作通讯》2004 年第 9 期。

[66] 陈锡文:《当前农业农村工作的形势和任务》,《农村工作通讯》2004 年第 8 期。

[67] 白凤峥:《对建立农民工社会保障制度的认识》,《生产力研究》2004 年第 7 期。

[68] 彭宅文:《中国农民工社会保障发展缓慢的原因分析》,《云南社会科学》2006 年第 1 期。

[69] 王玉玫:《建立健全城镇农民工社会保障制度的构想》,《中央财经大学学报》2003 年第 12 期。

[70] 华迎放:《农民工社会保障:思考与政策选择——自江苏、吉林、辽宁的调查》,《中国劳动》2004 年第 10 期。

[71] 周亦乔:《关于农民工社会保障问题的几点思考》,《湖南社会科学》2004 年第 2 期。

[72] 赵立航:《农民工社会保障问题五大矛盾探析》,《深圳大学学报(人文社会科学版)》2003 年第 5 期。

[73] 赵立航:《社会和谐与农民工社会保障问题》,《人口与经济》2006 年第 1 期。

[74] 高尚全:《尽快解决弱势群体的社会保障问题》,《人民论坛》2005 年第 9 期。

[75] 宏观经济研究院课题组:《公共服务供给中各级政府事权、财权划分问题研究》,《宏观经济研究》2005 年第 5 期。

[76] 金人庆:《完善促进基本公共服务均等化的公共财政制度》,《党建研究》2009 年第 12 期。

[77] 侯一边:《对投资理论的再认识》,《经济问题探索》2002 年第 9 期。

[78] 唐松、熊尚鹏:《论我国农村公共产品供给现状及其增加途径》,《商业研究》2006 年第 9 期。

[79] 刘颂:《我国义务教育发展的城乡差异分析》,《辽宁教育研

究》2006 年第 11 期。

[80] 刘乐山、何炼成:《公共产品供给的差异:城乡居民收入差距扩大的一个原因解析》,《人文杂志》2005 年第 1 期。

[81] 张怀雷、陈妮:《为失地农民建立社保体系的紧迫性》,《中国社会科学报》2010 年 12 月 16 日,第 11 版。

[82] 林万龙:《经济发展水平的制约之下的城乡公共产品统筹供给:理论分析及其现实含义》,《中国农村观察》2005 年第 2 期。

[83] 周民良:《国民经济发展新阶段与新农村建设》,《中国经济时报》2006 年 4 月 3 日。

[84] 谦德忠:《缩小城乡教育差距,任重道远》,《课程教材教学研究(中教研究)》2007 年第 Z3 期。

[85] 韩俊:《中国:由城乡分割走向城乡协调发展》,《中国经济时报》2004 年 3 月 19 日。

[86] 人力资源和社会保障部:《2007 年全国社会保险情况》。

[87] 李慧莲:《农村教育困境:辍学反弹拉响警报》,《中国经济时报》2005 年 1 月 8 日。

[88] 教育部规划司:《2002 年全国教育事业发展统计快报》2003 年。

三、英文类

[1] World Bank. An Evaluation Report on the Rural Diablo Program in China (an internal consultation paper), 2006.

[2] Arrow, Kenneth and M. Kurz. Public Investment, the rate of Return, and Optimal Fiscal Policy. Johns Hopkins University Press, 1970.

[3] Michael Grossman. The Demand for Health: A Theoretical and Empirical Investigation. New York: Columbia University Press For the National Bureau of Economic Research, 1972.

[4] Santana,R. KA. Subramania,S. K. V.. Development of social security Programmers in developing countries. New Delhi: Ha-anands Publications,1994.

[5] World Bank. Averting the old age crisis. New York:Oxford University Press,2005.

[6] R. Kingston and James H. Schurls. Social Security in the 21 century. New York:OxfordUniversity Press,1997.

[7] Fuchs. V.. The future of health economics. Journal of Health Economics. 2000(19).

[8] Arrow K. J.. Uncertainty and the welfare economics of medical care. American Economic Review 53,1963.

[9] Becker, Mulligan. The endogenous determination of time preference. Quarterly Journal of Economics,1997.

[10] Alfred Reiner. Fiscal policy and Economic Growth. Ash gate Publishing Ltd Press,1996.

后 记

博士阶段学习即将结束，回首四年的求学生涯，如果没有指导老师的精心指导及诸多师友的帮助，我不可能顺利完成学业。

非常感谢我的导师朱明熙教授。先生广博的学识、严谨的治学态度、待人的宽厚、生活的淡薄，都值得我终生去学习。在论文的写作过程中，朱老师悉心指导，从选题、框架构思、研究方法、内容的确定，数次大的修改以及篇章字句的修改，朱老师都倾注了大量的心血。他的言传身教让我终生受益，作为学生的我永存感激！

感谢西南财经大学财税学院的尹音频教授、张明教授、冯俏彬教授，在论文的开题和初稿修改过程中，他（她）们都提出了很多宝贵的意见和建议。还要感谢王国清教授、马骁教授和刘蓉教授，他（她）们传授的知识，让我受益匪浅。感谢徐诗举、罗昌财等师兄弟，在生活和学习上给予我的关心和帮助。同时感谢杨成章、何辉、黄洪等诸位同学。

感谢我父母的养育之恩，感谢妻子陈妮为我的学习做出的忍耐与无怨的支持，感谢我所参考和引用文献的所有作者们，以及在学业上所有帮助过我的人们。

张怀雷　2011 年 3 月于成都